中国建筑工业出版社

敏曦 书题　顺大童 摄影　童若文 著

巽绘正真
钟训正院士建筑生涯记事

DRAW IN DISCIPLINE
XUNZHENG ZHONG'S ARCHITECTURAL LIFE

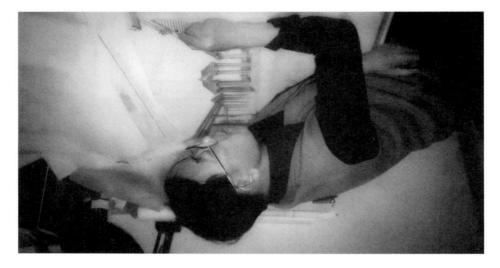

图书在版编目（CIP）数据

笔端正道：钟训正院士建筑生涯纪事 = Draw In Discipline Xunzheng Zhong's Architectural Life / 单踊等著 . -- 北京 : 中国建筑工业出版社，2024. 8. ISBN 978-7-112-30251-2

Ⅰ . K826.1

中国国家版本馆 CIP 数据核字第 2024Y2N968 号

责任编辑：费海玲　张幼平
责任校对：赵　力

笔端正道　钟训正院士建筑生涯纪事
DRAW IN DISCIPLINE　XUNZHENG ZHONG'S ARCHITECTURAL LIFE

单　踊　韩冬青　顾大庆　夏　兵　著

*

中国建筑工业出版社出版、发行（北京海淀三里河路9号）
各地新华书店、建筑书店经销
北京光大印艺文化发展有限公司制版
北京雅昌艺术印刷有限公司印刷

*

开本：787毫米×1092毫米　1/12　印张：17　字数：299千字
2024年8月第一版　　2024年8月第一次印刷
定价：**198.00**元
ISBN 978-7-112-30251-2
（43618）

目 录

引 言

上 篇： 生 平

引 言

中国工程院院士、东南大学建筑学院教授钟训正先生 1928 年 8 月 23 日（农历七月初九）①出生于湖南武冈一教师家庭。1952 年毕业于国立南京大学②建筑系，是新中国培养的第一代建筑学人中的佼佼者。毕业后分别于湖南大学和武汉大学工作，1954 年调回母校任教。作为中国近现代建筑教育和建筑创作事业的重要参与者与见证人之一，钟训正先生在 60 余年的从业生涯中勤奋耕耘、积极进取、成果丰硕，成为集建筑教学、设计创作和建筑绘画于一身的大师。

2013 年底，钟训正先生被列入中国科协"老科学家学术成长资料采集工程"计划。先生所在的东南大学建筑学院随即组织了资料采集小组展开工作，2015 年 1 月完成采集工作并获验收通过。本纪事是在资料采集工作结题报告的基础上扩充、完善而成。

生平及学术资料

作为治学有方的学者，钟训正先生对其主要的学术成果都有较好的资料保存，这是采集工程及纪事编写最主要的资料来源。其中包括先生已发表或出版的学术论文 19 篇、专著 10 本、设计创作图纸及照片 34 项、建筑画作 800 余幅、学术讲座的音视频近 400 分钟，以及个人收藏的新老照片 1010 余张等，从中可管窥钟训正先生成长经历、学术观点与业绩成就的主体概貌。

作为著名的建筑教育家和建筑创作、建筑绘画大师，钟训正先生的学术活动和社会活动必然受到各类媒体的关注，相关的报道也经常见诸报端。此外，还有电视台、出版社等所做的数次主题性专访音视频等。这些文字、图片和音视频资料，对了解先生的学术思想等也是极有帮助的补充。

作为东南大学建筑学院的资深名师，钟训正先生多年来的本科、研究生教学，以及科研等工作情况，在东南大学档案馆中有较为详细的记载，这为采集工程和纪事编写提供了较为翔实的档案资料。

对于因年代跨度很大而不可避免的诸多资料空缺，资料采集组③和纪事编写组进行了全方位的针对性补充，包括对钟训正先生本人及家属、同事、好友、学生等所进行的 6 次共约 1074 分钟音频采访，15 次共约 1520 分钟视频采访，以及音视频资料的成果整理；此外，为加强资料的学术性，本组在已有 2 篇专题性硕士学位论文的基础上，又安排了 2 名当时的硕士研究生以先生的学术成就为题撰写学位论文。

纪事的结构与撰写

鉴于先生的人生经历和学术范畴的特殊性，我们采用兼具史传和记事特征的传记体进行编写。

纪事的主体分"上篇：生平"和"下篇：专题"两大部分。上篇以历时性的编年方式，就先生的人生轨迹分时段追溯，注重史实记述；下篇以共时性的记事方式，将先生的学术成就分专题展开，重在学理阐释。以期在保证史实脉络清晰、连贯的同时，不影响专题自身的系统、完整。

此外，除了在上篇中根据时间和内容配附相关的少量人物、场景图片外，还在下篇中涉及具体的教学教研、设计项目和绘画创作时插入一定数量的图片。以求在清晰、完整展示先生人生轨迹的同时，尽可能系统、直观地展现先生的学术成就，增强本传记的可读性。

2018 年 8 月，本纪事初稿曾经钟训正先生亲自审阅并仔细修改完毕。时隔 6 年后的今天，值先生诞辰九十五周年纪念之际付梓出版，以表达我们对先生无上的敬意和深深的怀念！

注释:

① 经钟训正先生本人确认的出生年份是 1928 年，其以往的各种证件（包括身份证）中一直误为 1929 年。为行文简便起见。正文中的传主均以省去头衔与尊称的形式简称。

② 该校前身为 1927 年创立的国立第四中山大学，1928 年更名国立中央大学，1949 年新中国成立后更名为国立南京大学。1952 年全国高等院校院系调整时，该校的工学院独立成为南京工学院，1988 年更为现名东南大学。

③ 采集组成员共 8 名：东南大学建筑学院陆卓谟（时任学院党委书记）、韩冬青（时任学院院长、教授）、单踊（教授）、顾大庆（香港中文大学建筑系教授，现建筑国际化示范学院教授）、夏兵（副教授）、李国强（摄影师）、汪妍泽（博士研究生），东南大学建筑设计研究院钟宁（钟训正先生长子、摄影师）。本书编写组的成员均曾为钟训正先生导师团队的研究生。

本本

〈譬于〉

第一章

早 年

钟训正出生于湖南武冈的一个教师家庭，在十个兄弟姊妹中行第八。父亲赋闲在家后，由大哥开设诊所所得收入维持全家生活。严谨而和睦的家风，是他务实、平和性格形成的基础；而作为美术教师的长嫂的影响，则使他萌生了对绘画的浓厚兴趣，并为他在高考填志愿时选择建筑学埋下了伏笔①。

钟氏家庭既严谨又开放的家风、家教和各武冈名校的正统教育，养成了钟训正好学向上、崇善尚美的良好习惯，打下了中西融通的文化基础。这是他文化修养初构的青春萌成期。

1. 长成——家道和家教

钟氏父兄

据武冈钟氏族谱记载，黄帝的第32代传人微子启是钟姓的远古始祖。湖南武冈钟氏的先祖华叟公（第101代），为避战乱，于明朝初年自江西吉安府（现吉安市）泰和县北部钟家坝迁至武攸州（现武冈市）城东门内。其子孙逐渐分散在武冈附近的高沙镇等各处安家，钟训正家便是其中的一支。

按武冈钟氏1928年认定的字辈"延鸣应大一德相承世守尔训显定元贞"算来，祖父守纬公（1863-1935）是从黄帝算起的第124代，早年在武冈城东门的一家南食店学徒、出师并留下打工，成家后生活一直较为清苦。婚后的孩子中仅有2男2女幸存，钟训正的父亲尔琴（1891-1979）便是其中的长子。

父亲少年时免费就读于钟氏家族所办的新学——教师养成所（初级师范类学堂），读书5年毕业后在武冈福音堂为传教士的孩子们教书。18岁时（1909年）与母亲李姣英成婚（图1），暂时安家在位于武冈城石牌坊的福音堂（图2）。

父母婚后共有7男3女，其中男丁为训字辈，以仁、义、礼、智、信、正、道为序取名：大哥钟训仁、二哥钟训义、大姐钟滁非、三哥钟训礼、二姐钟雅丽、四哥钟训智、五哥钟训信、七弟钟训道、小妹钟筱梅。1928年8月23日（农历七月初九）出生的钟训正，在10个兄弟姐妹中总排行第八，兄弟中排行第六。当时父母视其为最后一个孩子，取小名"全鸿"，即到此为止之意。到了后面的七弟出生时，就只好取小名"又鸿"了……

大哥钟训仁（1911-？）20岁时于长沙德生医学院毕业后，依父亲之命回乡开业。1931年，父亲协力为大哥在小河对面的柳三里一座名叫"水府宫"的旧庙里租了房屋，办起了武冈第一座西式诊所——"仁慈医院"。全家也随之迁往，住在水府宫内（图3）。很快，这间小小的全科诊所便在武冈县立足，并率先推行新法接生。次年，大哥21岁时与职业学校任教的李恢支结婚成家。大哥一直任医院的全科医生，直至数年后大嫂离职回家，协助大哥做助产士和妇科检查师为止。

大嫂李恢支自幼聪颖好学、博闻强记，她在一所职业学校学习刺绣3年，打下了厚实的美术功底。17岁时，她应聘至武冈县立女子初级职业学校（1939年改为武冈县立女子初级中学），教授美术和刺绣等多门课程。几年后，因工作勤奋和能力过人，升任该校的训育主任（教导主任）。1934年，母亲李氏因生产小妹钟筱梅大出血而辞世。父亲因此心灰意冷，次年便结束了学堂的教书生涯而赋闲在家，大家庭的生活重担就落在了大哥与大嫂身上。

图1　钟训正的父亲与母亲（钟训正提供）

家庭氛围

20 世纪 30 年代后期，抗战已经开始，社会动荡、民不聊生。而此时的钟氏家庭，随着哥嫂婚后孩子们的相继出生，其规模已发展到十几口。由于有着既威严又慈善的父亲当家，孝顺节俭的母亲操持，敬业自强的大哥和勤劳贤惠的大嫂佐助，规模甚巨的钟氏大家庭依然被安排得井井有条，可谓"老者安之、朋友信之、少者怀之"②。

父亲和大哥均为读书之人，因而目光长远，对全家人的文化教养最为重视——即便粗茶淡饭、简衣素衫，孩子们长大后也一定要入学读书，十个兄弟姐妹无一例外。同时，经过多年的积累，家中藏书量颇丰并长期订有孩子们各自喜爱的杂志，甚至还藏有《四库全书》的一部分。除了上学堂，兄弟姐妹们（包括后来的侄儿）平时都很少出去玩耍，晚饭过后便齐聚灯下，在大桌边围坐一堂，各自温课作业、读书看报，其乐融融。十个兄弟姐妹们之间一向和睦平等、亲密无间，从无争吵，也极少受责。孩子们如有犯错，最大的惩戒就是向母亲认错。钟训正小学时，曾有一次与同学去

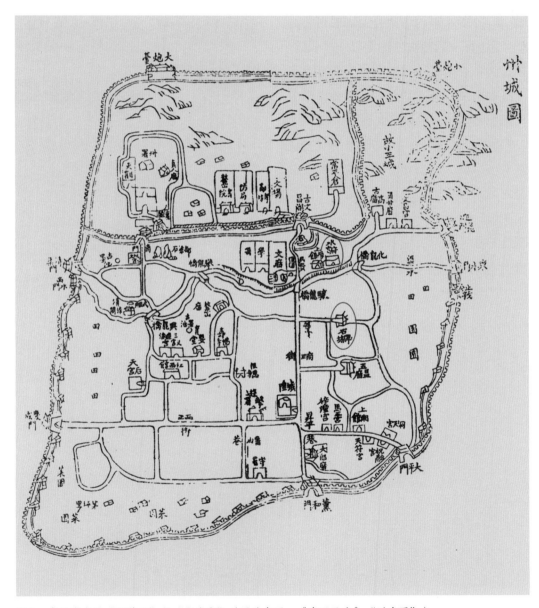

图 2　武冈城内的"石牌坊"与"水府宫"（图片来源：《武冈县志》"州城图"）

城南门外戏水未归，急得大哥二哥等寻至天黑，回家后便被罚跪在母亲遗像前。后经大哥去南门外实地考察，发现戏水区既安全又有趣。从此，大哥就常带着兄弟们浩浩荡荡地赴河区畅游……

周末和节假日，虔信基督的父亲就领着孩子们去教堂聆听圣经故事和观览画片，圣诞节还会去参加一年一度的圣诞演出。钟训正作为唱诗班的一员，因肤色偏深又唱得特别专注、认真，被戏称为"黑天使"而深受大家喜爱（图4）。

图 3 全家在诊所门前合影（1933 年，左下角花丛后者为钟训正）（钟训正提供）

图 4 与父亲及兄弟姊妹合影（前排右二为钟训正）（钟训正提供）

2. 择路——从艺或从工

小学中学

武冈位于湘西南部,地处雪峰山脉东麓,南岭山系北缘,资水上游,是邵阳市西南五县的地理中心,素有"黔巫要地、湘西南重镇"之称。自汉代建县以来,至今已有 2200 余年的建城史。武冈一直是湘西南军事重镇,同时也是政治、经济中心和文化积淀丰厚的小城。晋代名士陶侃曾在此建堂讲学,宋、元、明分别开办军、路、府、州学,清代更是私塾遍及城乡。近代以后,武冈的文化教育进入了新的进程,钟训正最早入学的"云山小学"就是最早现代化的学校之一。③

1935 年,7 岁的钟训正进入位于武冈县城的云山小学就读。4 年后,又转去中央军校的附属小学和平小学,最后完成了 6 年的小学学习。

1941 年,钟训正进入同为中央军校创办的洞庭中学读了一年,后又转入云山中学读完了共 4 年的初中。钟训正的高中也就读过 2 所学校——蓼湄中学和岳云中学。

蓼湄中学位于与武冈毗邻的高沙镇(图 5、图 6),原名高沙民立学堂,创建于 1905 年。早年曾与"岳云""雅

图 5　高沙镇远景

图 6　蓼湄中学旧校舍

15

礼"二校齐驱，为近代湖南省内名优中学之一。钟训正在蓼湄中学度过了2年时间，其中后一年的大半，由于战乱而休学在家。

1946年，钟训正转入另一所名校岳云中学（图7）。岳云中学位于邵阳以东衡阳市的衡山南麓，由近代著名教育家何炳麟先生等于1909年（清宣统元年）创办，初名湖南南路公学堂，1914年改为湖南私立岳云中学。学校前临南岳古镇，背倚衡山紫云雄峰。其址为宋明时期文定、白沙、紫云三大书院故址，属湖湘学派发祥地之一，人文传统源远流长，近代时享有"北有南开，南有岳云"之美誉。虽然此校远离家乡，但与钟家的渊源颇深：二哥钟训义、三哥钟训礼、四哥钟训智都毕业于此。2009年南岳中学百年校庆时，耄耋之年的钟训正先生以"高39班校友"之名，欣然题词祝贺："育人材功高南岳，扬令名胜友如云"。

图7　岳云中学旧照

图8　备考大学时的钟训正（1948年）（钟训正提供）

16

爱好志向

在钟家，训字辈的众多兄弟姐妹们在平和务实的家风影响下，大学的专业都无一例外地选择了医科、师范和工科类：二哥训义、二姐雅丽、四哥训智受大哥影响而选择了医学，其他为电力、钢铁类工学、师范。而排行第八的钟训正，大学专业选择了介乎"艺""工"之间的建筑学，这与大嫂李恢支及教会牧师等的影响有很大关系。

身为美术老师的大嫂不仅画得好，还藏有很多画册，铅笔画、钢笔画、水彩画、油画应有尽有。这对年幼的钟训正来说无疑是一处极具诱惑的宝藏，他自小就时常翻看，沉迷其中。到了读小学时，课余一有空就把画册搬出来临摹，继而就出去画写生，住处附近水府宫的亭台楼阁等形象相当不错的清代古建筑，都成了他最好的写生对象。尽管大嫂因教务和家务繁忙而无暇顾及他，但颇有灵气的钟训正依然画得越来越像样。得到大人们的鼓励后，他就越画越有劲。直到后来，大人们见他似乎画得太过专心，希望他将精力更多地放在学校的课程和学业上。

其实，年纪尚幼的他并不准备走专业画家的道路，认为还是把绘画作为一个工具，做实际的工作比较好。水府宫的中国古建筑、德国牧师所赠画片里的西洋建筑所散发出的艺术魅力足以说明，建筑学是把工程和艺术结合得比较好的一门学科。因此，他很早就立志学建筑。

高中毕业后，钟训正奔赴长沙湖南大学，住在矿冶系毕业后留校的五哥钟训信宿舍内复习备考（图8）。1948年秋，钟训正考取了当时全国最负盛名的国立中央大学建筑系（现东南大学建筑学院前身）。

注释：

① 本章的钟氏家族及家庭情况主要参照传主本人的回忆，以及传主长兄钟训仁之子钟显达的回忆《家事琐记》（2012年）一文。
② 摘引自钟显达《家事琐记》。
③ 钟训正所就读的小学、中学的历史变迁（包括校园建筑等）信息来源于各学校的官网。

第二章

大学

⟨ 1948—1952 ⟩

在 国立中央大学建筑系学习期间，钟训正在杨廷宝①、童寯②等老一辈建筑学家的严格要求和高班同学的带动下，打下了扎实的专业基础，并广泛汲取了专业领域的丰富知识，养成了良好的专业素养。

中央大学建筑系3年的专业学习，在老一辈名师的言传身教、众多学友的协力相助和自身的加倍努力下，钟训正以优异成绩完成学业。这是他专业根基奠定的学术成长期。

1. 奠基——技艺初成

中大建筑

中国历史上传统建筑的木构建造技术十分完善，但并未形成独立的学术及其教学体系。真正接触现代意义上的建筑科学，是从洋务运动后期清政府派学生出洋留学，并在 1902 年公布的《钦定学堂章程》中首次列入"建筑工学门"开始的。目前，学界公认的首例体系完整的建筑系科是 1923 年由留学日本的柳士英[③]等归国后创立的"江苏省立苏州工业专门学校"建筑科[④]。

1927 年，江苏省作为全国教育行政委员会试行"大学区制"的两例（苏、浙两省）之一，以原国立东南大学为基础，合并了省内另 8 所院校成立了"国立第四中山大学"（四中大）。其中的工学院设有建筑科（系），先期成立的苏州工业专门学校建筑科也随校并入。1928 年 4 月，四中大易名"国立中央大学"。抗战爆发后的 1937 年 10 月，中央大学随南京政府内迁重庆沙坪坝。尽管烽火连天，但中央大学建筑系仍歌弦不辍，甚至还因后方的人才集聚，师资得到空前的壮大，教学鼎盛一时，直至 1946 年光复回宁。1949 年 10 月，建筑系随校更名为国立南京大学建筑系。1952 年 9 月，建筑系随南京大学的工学院独立，成为南京工学院建筑系。1988 年改名东南大学建筑系，2003 年更名东南大学建筑学院（图 9、图 10）。

随中央大学之后陆续成立的建筑系还有：1928 年的东北大学建筑系（沈阳，1931 年停办）、1928 年的国立西湖艺术院建筑系（杭州，1952 年并入同济大学建筑系）、1932 年的勤勤大学建筑系（广州，华南理工大学建筑系前身）、1937 年的天津工商学院建筑系（天津教会学校，后并入天津大学建筑系）、1942 年的圣约翰大学建筑系（上海教会学校，1952 年并入同济大学建筑系）、1946 年的清华大学（北京）等。其中，国立中央大学是当时最高等级的高等学府，该校建筑系云集了留学美、德、日等国的众多国内最知名的建筑学者，声望斐然。这就是钟训正选择中央大学建筑系的重要原因。

图 9　原国立中央大学校门（图片来源：东南大学档案馆）　　图 10　原国立中央大学前工院（1929-1937 年、1946-1948 年建筑系所在）（图片来源：东南大学档案馆）

专业基础

1948 年 11 月初，钟训正自长沙乘船经汉口辗转到南京时，比正常报到晚了一个多月。进校时又正值南京解放，因此在学校只上了一两个月的课就于当年元旦疏散回乡，休学在家。同为 1948 级的同学戴复东⑤因为近在上海，1949 年春南京刚一解放就回校复课。而湖南解放较晚，钟训正再次回到学校时已经是一年以后的 1949 年 11 月，于是就随 1949 级重新开始了他的建筑学生涯（图 11、图 12）。

钟训正回想起当年进校时的情景说道：

"我是怀着激情和绮思踏入建筑大门的，在此以前，对建筑所知仅是一鳞半爪，唯一的认识来源是书本图册。那时的概念是建筑隶属于艺术范畴，与绘画雕塑并列；绘画只是平面的意境世界，能发人遐思，但可望而不可及；雕塑是凝固了灵与肉的瞬间表现，而建筑则是可触摸的物质实体，可提供人们以美好感受的空间和环境。都是艺术，自然可以随心所欲地进行创作，几乎像阿拉伯神灯创造宫殿那么容易。一进入大学建筑系门槛，清规戒律接踵而来，老

图 11　1949 级新生合影（建筑系馆入口，左二为钟训正）（钟训正提供）　　图 12　在校时的钟训正（钟训正提供）

师竟像对待幼儿园小朋友和小学生似的教我们如何削铅笔，如何裱纸、写字、用笔、使用工具，等等，特别是还要学那些与'灵感'相抵触的物理、微积分、投影几何、力学等令人头痛的课程。这些像紧箍咒似的飞上头来，天真的绮思黯然失色。原来建筑竟是那么复杂，那么实际和理性，受那么多的限制和约束。"⑥（本章以下多处楷体引文，未单独标注者，出处均同此）

进校后，一年级所开设的专业基础课程中，首先给钟训正留下深刻印象的是"投影几何"。由于当时还没有专用

于建筑学的制图教材，所以借用机械制图体系，和土木系、机械系等专业一起在丁家桥校区合上，被学生戏称为"头疼几何"。教材是英文的，写得又很简明。每次课老师讲课一个小时，学生画作业两个小时当堂就交，没有交的就记零分。对进校比较晚（1948 年）又错过了几节课的钟训正来说，这门课的学习自然是颇为困难的。1949 年再次入学重新开始这门课时，钟训正提前预习后再上堂听讲，情况才彻底改观（图 13）。

另一门重要的课程是素描，也是在丁家桥校区上。因正值美术教师李剑晨

图13　钟训正一年级所在的原中央大学丁家桥校区旧照（图片来源：东南大学档案馆）

先生学术轮休，由当时的系主任杨廷宝先生亲自主授。钟训正的印象中，"（杨）先生教学严谨，一板一眼，教我们画的是单调的几何体和残破的砖瓦石刻，使我们兴致索然，简直把我这种在自在王国放荡的野马抛入樊笼。当我得知，先生那娴熟功深、趣味盎然的作品竟也是源于这种根基，不禁感到万分惊异。"另外，还有巫敬桓⑦老师做助教。巫老师的手头功夫也很好，常会带一些建筑的兽吻构件过来给学生们画。开始，钟训正和同学们对于杨先生布置的素描任务不很上心，用他自己的话就是"（自己当时）野性未驯，心态浮躁，不耐心细磨慢琢"，四小时的任务只用了一个小时就完成。这对一向要求严格的杨先

生来说是不能容忍的，他很生气地批评道："你们要是再这么下去，就不要读建筑学了"，并关照一定要把课上的时间用足。这是钟训正第一次被和善著称的杨先生如此严厉地"刮胡子"（学生们对挨批评的戏称）。

给钟训正印象最为深刻的就是设计初步，这是专业基础的主体课程，在四牌楼的建筑系专业教室上。这门课延续了整个一年级。一年级上学期都是基础性练习，由测绘、字体练习、渲染练习等系列子课题组合而成。首先是图书馆侧门的测绘，墨线图；然后是墨线字体练习，包括仿宋字、罗马字，竖排版，图幅比A3稍大；渲染先是方块、柱式渲染（法国退晕）练习，然后是多立克

柱头渲染。多立克柱头的渲染相当难画，方形和圆鼓形的光影交接很难掌握。那时，学生们有些缺乏耐心，画得很不细致。当时只有两个人及格，61分、62分而已，钟训正是其中之一。设计初步的教学亦为杨先生主持，巫敬桓老师辅助，另一位大师级先生童寯教授也偶尔会来看看。西方古典建筑构图（西古构⑧，Composition）练习是一年级上学期基础练习中最大的一个作业。这是在对众多西方古典柱式元素悉心研习后再行组合表现的渲染练习。学生们在系藏的古典柱式资料——蓝皮书中选取范例按比例放大，再根据一些作图原理绘制到图版上。首先要画草图，给老师修改，反复几次定稿后渲染成图，一般历时

2个月以上。钟训正所参考的原图中有一些希腊式的花纹甚是复杂，他原本想将其省略掉，在受到了杨先生很严厉的批评后才及时改正过来。这时，经过半年来的学习适应期，大家的学习风气也渐渐转好。为此，杨先生很高兴地向童老、徐中 [9]、刘光华 [10] 几位先生表扬了他们全班。那次作业的得分都很高，钟训正得了最高的95分。

一年级下学期开始做设计：公园桥、茶亭、小车站，最后一个是灯塔。第一个设计（公园桥）要求是西方古典的，后面的设计则不限制中古或是西古，也可以做现代风格的。每个作业时间不长，车站是快图，其他作业大概每个4～5星期。主要是杨先生

和巫敬桓教，公园桥是杨先生教的，最后一个灯塔是徐中先生教的。做公园桥的时候，杨先生要求能够将古典形式应用于设计中。由于是第一次做设计，钟训正的创作欲望很高，因此注入过多的设计元素而有违古典形式的规则，结果受到杨先生的批评。"遇此创作良机，又是第一个处女作，自然就使出浑身解数，挖空心思，东加西添，尚嫌不够尽兴。而杨老删改的偏偏是我的得意之处。我心有不甘，仍顽强地表现自己，以致他忍无可忍地说：'你这是干泥水匠的活，纯属画蛇添足，你还要不要学下去？'经过诸如此类的重锤敲打，我慢慢地领悟到自己的幼稚无知和创作的艰辛。"

2. 升华——学长师长

大平房内

当年的国立中央大学建筑系招生规模很小，钟训正入学时的学生总数，1946-1949级4届合计才刚满20人，设计教室是合为一处的，这就是给当时前后几届的所有学生留下美好记忆的"大平房"。

"大平房"位于校园内图书馆西侧，是当时的建筑系馆所在。一字型平面的中部是门厅、办公室、理论教室和模型室、资料室等，西端为美术教室，四个年级共用的大绘图房位于东端。各年级学生的绘图桌依次排列在矩形平面的大空间里：高年级在近门处，低年级在最里面。低班学生每天进出必经过高班座位，对高年级各班同学的学程进展有个了解，同时对自己接下来的学习有所准备。这是个很合理的专业教室空间排布格局，受到经典学院式教育体系"Atelier"（法语中的艺术画室、工坊，不同学阶的学员在此共处一堂，研习设计）的直接影响。那时，各个年级同学之间的交流非常频繁。除了平时的高班学长为低班学弟学妹们答疑解惑外，每当某个年级快交图之际，其他年级的同学就会主动拥过去帮忙：低班同学帮忙

裱纸、铺底稿，高班同学则最后出手帮着画配景。每逢年节，各年级还会经常在一起聚餐……这种建筑系所特有的专业学习氛围延续了多年，直到招生规模不断扩大，建筑系移至他处，各年级分设在各个小教室后，建筑系的这一传统才没再继续下去。钟训正随着学业的增长，也很快从被学长关照，到出手帮忙而广受学弟的拥戴。钟训正的同班同学到毕业时一共8人，其中有后来毕业留校的沈佩瑜（建筑系教授）、郭湖生（建筑研究所教授，2008年4月逝世）、齐康[11]（图14～图16）。

图14　"大平房"旧照（图片来源：东南大学档案馆）

学弟们从学长那儿所学到的，除了设计作业成图等技艺以外，还有学习方法，"抄绘"就是其中很重要的内容。当时系里长期订购杂志种类很多，其中仅外文原版期刊就达数十种，有《PA》、《Record》、《Architecture Design》（AD）、《Review》以及一些苏联的杂志，学生们都可以借阅。而在照相和其他图像复制技术远远未能发展和普及的20世纪中叶，面对专业书刊上的众多优秀资料，依样描（临）绘、装订成册，是获取、研习并保存资料最为有效的方法。更为

图15　与其他同学留影（右三为钟训正）（钟训正提供）

图16　1952年毕业照（后排中为钟训正）（钟训正提供）

重要的是初学者通过抄绘，逐一认知众多建筑设计大师，不断丰富设计典案的积累，渐次提升自身的专业审美能力，最终形成自己的价值判断体系。当时，通过抄绘研读、收集资料在中央大学建筑系蔚然成风，而钟训正是其中动手最勤、抄绘积累最丰的学生之一。他用打字纸（半透明的白纸）和钢笔所做的资料抄绘集成有很多本，只可惜所留下的极少。他的这一抄绘习惯延续到"文化大革命"后期时，由于绘制渐趋娴熟而无须在透明纸上描摹，因此改用更便于收藏的不透明纸质速写本（图17、图18）。

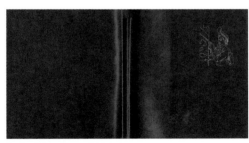

图17 建筑实例抄绘本（60页）（钟训正提供）

图18 风景与木构抄绘本（38页）（钟训正提供）

大师风采

高年级时，随着设计对象从简单的空间组织和建筑、环境关系处理逐步推进，此前积累的知识点慢慢扩大，建筑设计逐渐上升为较大规模和等级的复杂课题，相应的关注点也从基础性的经典古建筑主题转而为当时的现代主义。在具体的教学中，对他的"启蒙和成长有至关重要的影响"[12]的各位老师们一一展现出不同的风格。

刘敦桢[13]先生是一位治学严谨的理论型学者（图19），独揽了钟训正班上的建筑史教学，以他丰厚的阅历和精到的见解，为学生讲解中国建筑史、西方建筑史两门课程。他的讲课条理性极强，板书漂亮，图形和标注也都很工整清晰，极大地方便了钟训正和学生们的课堂笔记。"他教我们的中西建筑史，听他讲课完全是一种享受。他在黑板上画历史建筑和细部时如行云流水，流畅轻松，尺度和比例又掌握得极其准确。讲课的要点都在黑板上写出，文字简洁、条理清晰，本身就是一篇好文章。"

童寯先生是个设计实践和理论研究的全才（图20），睿智敏捷、言行干练。在指导学生设计时思维活跃，注重设计的大思路梳理，而很少动笔改图，渲染时偶尔会动笔帮着协调大关系，讲课时言简意赅，见地高深。这与他丰硕的设计实践、海量的史论研读有关，深受钟训正等学生们的敬仰。在钟训正的印象中，"童老无论形或神都像得道高僧，……他博闻广识，没有人能难住他、问倒他，因此有活辞典之称。记得60年代初的南京长江大桥桥堡全国设计竞赛中，童老亲自渲染了一张大桥鸟瞰图，长江全部留白，两岸景色用笔不多，但画面爽朗清新，少中见多。"

杨廷宝先生是钟训正和同学们最为熟悉的先生（图21），他在设计指导时鼓励学生做出适时适地的建筑形式和风格选择。杨先生改图相当细致，给钟训正的某位同学指导灯塔设计时，画的铅笔草图竟然像渲染图一般细腻，配景等都一一画上，令学生们敬叹不已。尽管钟训正本人当时未必希望老师改得过细而使自己无从发挥，但杨先生细致入微的改图所呈现出的设计品质，无疑为学生们竖立了高水准的标杆。钟训正和同学们平时也会组织去参观杨先生在南京的一些建成

作品，杨先生课上也会谈及一些自己的设计，印象最深的是他做的和平宾馆⑭专题讲座。杨先生讲解了该饭店的设计思路，包括交通组织、景观营建以及当时的多方案比较，大大满足了同学们的求知愿望。当时国家经济也不是很好，学生并没有机会去经历一个完整的项目实践，而能从老师的实践项目中汲取营养，钟训正和同学们已经是受益匪浅了。童、杨二位先生同为留学美国宾夕法尼亚大学的建筑学硕士，回国后都是著名的开业建筑师，20世纪40年代先后来系兼职任教，1952年

公司合营后则同成为建筑系专职教授。他们是中国第一代建筑师中设计创作成果最丰盛的，也是最早介入建筑教育的大师中的佼佼者。

李剑晨⑮先生对喜欢画画的钟训正的影响也是至深的（图22）。"他是美术界的老前辈，为人谦和热情，他在教学上的最大特点是善于肯定你进步的一点一滴，激发你上进的信心。他在教学上对学生充满爱心，对学生进取的要求几乎是有求必应……"钟训正他们到了高班时绘画课已经结束，但课余时间仍然喜欢画画。李先生知道后很高兴，他

图19　刘敦桢（东南大学建筑学院档案室提供）

图20　童　寯（东南大学建筑学院档案室提供）

就主动利用礼拜天的休息时间带他们出去写生。有几次，钟训正和同学们要去玄武湖写生。前一天和李先生约好，第二天当学生们到那里的时候，李先生早已坐在那里等着了。这让钟训正和同学们很是感动。

刘光华先生是当时建筑系教授中最年轻的一位（图23），1940年由中央大学毕业后赴美留学，1946年获美国哥伦比亚大学建筑研究院硕士学位，次年起历任国立中央大学（南京大学、南京工学院）建筑系教授、设计教研组主任、系学术委员会主任等职，并兼任南京市、江苏省多个建筑行业学术团体的顾问、理事、理事长等职，1983年后被聘为美国保尔大学（Ball State University）建筑及规划学院访问教授。

"在我们就学时不过三十多岁。他思维敏捷，言词风趣，他在指导设计时从不严词厉色，但总能使学生口服心服。他在设计改图中用笔简明流利，作效果图时也别具特色。记得60年代初他亲自画'无锡太湖建筑师之家'的一幅效果图，用色明快，用笔简练老到，图画亮丽而又脱俗。"

大学的学习中不得不提的是巴黎美院众所周知的教学传统：建筑设计从第一次草图到最后成图，方案构思如有颠覆性的修改就要大大扣分。对此，钟训正有自己的看法：最后的结果与草图的不同体现了学习过程中的概念推进，开始如果是错误的还一再坚持没有必要。方案应该逐步推演、逐渐完善，开始一无所知情况下做出的方案和经过学习产生的方案肯定是有所不同的。所以，待到老师们关门评分、评完后学生自己去看分时，钟训正总是淡然处之，从不追问最后得分高低和其背后的原因。

图21　杨廷宝（东南大学建筑学院档案室提供）

图22　李剑晨（东南大学建筑学院档案室提供）

图23　刘光华（东南大学建筑学院档案室提供）

注释：

① 杨廷宝（1901-1982），字仁辉，河南南阳人。1921 年留学美国宾夕法尼亚大学建筑系，硕士毕业后于
　　1927 年回国加入天津基泰工程公司，1940 年起，兼任中央大学建筑系教授。中华人民共和国成立后，历
　　任南京大学（南京工学院）建筑系主任、南京工学院副院长、江苏省副省长等职。1953 年起当选中国建筑
　　学会第一、二、三、四届理事会副理事长，第五届理事长。1955 年当选中国科学院技术科学部学部委员，
　　1957 年和 1961 年两次当选国际建筑师协会副主席。他是中国著名的第一代建筑师、建筑学家和教育家。

② 童寯 (1900-1983)，字伯潜，辽宁沈阳人。1925 年留学美国宾夕法尼亚大学建筑系，硕士毕业后于 1930 年
　　回国受聘东北大学建筑系，先后任教授、系主任。1931 年，与赵深、陈植合组"华盖建筑师事务所"。
　　1938 年随事务所辗转至重庆。1944 年，应邀在中央大学建筑系兼职授课。中华人民共和国成立后，专职任
　　南京大学（南京工学院）建筑系教授。他是中国著名的第一代建筑学家、建筑师和教育家。

③ 柳士英（1893-1973），字飞雄，江苏苏州人。1920 年毕业于日本东京高等工业学校（现东京工业大学）建筑科。
　　1922 年回国后在上海与王克生、刘敦桢等合办"华海建筑师事务所"。1923 年，在江苏省立苏州工业专门
　　学校创办建筑科并任科主任。1927 年任苏州市政工程筹备处工程师及工务局长。1934 年调往湖南大学土木
　　系任教授，后历任院长等职。——摘引自：赖德霖 . 近代哲匠录［M］. 北京：中国水利水电出版社、知识
　　产权出版社，2006.

④ 该校前身为 1912 年成立的江苏省第二工业学校（中专）。1923 年 5 月，该校获准升为江苏公立第二工业
　　专门学校（大专），同年 11 月改为江苏省立苏州工业专门学校并增设建筑科，学制三年。由留日回国的柳
　　士英创立，其日本东京高等工业学校的同学朱士圭（字叔侯）、黄祖森（字鹿森）、刘敦桢稍晚也先后加盟。
　　自创科至 1927 年被并转入国立第四中山大学，共招收 30 余名学生，其中 1925 级、1926 级并入国立第四中
　　山大学后于 1930 年、1931 年毕业。——摘引自：潘谷西，单踊 . 关于苏州工专与中央大学建筑科［J］. 建筑师，
　　90.

⑤ 戴复东（1928-2018），出生于广州市，原籍安徽无为，抗日名将戴安澜之子。1952 年于南京大学建筑系（现
　　东南大学建筑学院）毕业后分配至同济大学，任建筑与城市规划学院教授、博士生导师，并先后担任副院长、
　　院长、名誉院长等职。1999 年当选为中国工程院院士。

⑥ 钟训正 . 顺其自然，不落窠臼 [J]. 建筑学报，1991(3).

⑦ 巫敬桓（1919-1997），重庆市人，1945 年毕业于国立中央大学建筑系并留系任助教、讲师。1951 年加盟
　　北京兴业公司建筑设计部，1954 年该部并入北京市建筑设计院，先后主持或参与了北京和平宾馆等多项重
　　大工程的设计工作。——摘引自：建筑师巫敬桓张琦云［M］. 北京：中国建筑工业出版社，2015.

⑧ "西古构"全称"西方古典建筑渲染构图"，指以西方古典建筑为素材进行立面的整体与局部放大组合及渲染表现的训练。

⑨ 徐中（1912-1985），字时中，1935年毕业于中央大学建筑系，1937年于美国伊利诺伊大学硕士毕业后回国。1939年入职中央大学建筑系，历任讲师、教授。1951年调往北方交通大学唐山工学院建筑系任教授，1952年随校并入天津大学，1954年出任天津大学建筑系主任。——摘引自：赖德霖.近代哲匠录［M］.北京：中国水利水电出版社、知识产权出版社，2006.

⑩ 刘光华（1918-　），江苏南京人，1940年毕业于中央大学建筑系，1947年于美国哥伦比亚大学硕士毕业后回国，任中央大学（南京大学、南京工学院）建筑系教授、博士生导师。1983年应邀赴美国，任保尔州立大学建筑及规划学院访问教授。1986年离职，开始写作及讲学工作。

⑪ 齐康（1931-　），1952年于南京大学建筑系（现东南大学建筑学院）毕业后留校任教，任教授、博士生导师、东南大学建筑研究所所长。1993年当选为中国科学院院士，1997年当选为法国建筑科学院外籍院士。

⑫ 前言// 钟训正.风光素描与速写[M].北京：中国建筑工业出版社，2009：6.

⑬ 刘敦桢（1897-1968），字士能，湖南新宁人。1921年毕业于日本东京高等工业学校（今东京工业大学）建筑科，次年回国后与友人共创了我国第一个由华人自行经营的华海建筑师事务所。1925年夏赴长沙，在湖南大学土木系任教。1926年任教于江苏省立苏州工业专门学校建筑科，1927年随苏州工业专门学校并转至第四中山大学，与刘福泰等共同创建了中国第一所大学本科的建筑系科。1930年应邀参加中国营造学社，1932年赴北平任该社文献部主任。1943年返中央大学建筑系任教，曾任系主任、工学院院长等职。1953年，在南京工学院与华东建筑设计公司（后易名华东建筑设计院）联合创办的中国建筑研究室任主任。1955年当选中国科学院技术科学部委员。他是中国著名的第一代建筑史学家、教育家。

⑭ 1953年建成的北京和平宾馆由兴业建筑公司、北京市建筑设计院联合设计，主要设计人为杨廷宝、巫敬桓。宾馆设计之初为中等旅馆，后为满足在京召开的亚洲及太平洋地区和平会议之需进行了部分修改。该宾馆的设计合理，空间组织紧凑……，与环境巧妙结合，造价经济……，是中国当代建筑的经典之作。摘引自：中国20世纪建筑遗产名录（第一卷）。

⑮ 李剑晨（1900-2002），原名李汝华，字剑晨，河南内黄人。早年毕业于北京国立艺专西画系，同时师承陈半丁大师研习中国画。毕业后在河南省立一师等校任教，后公费赴英国伦敦、法国巴黎研习西画与雕塑，抗战回国后即在重庆国立艺专（现中央美院）任教务长兼西画系主任，1941年受聘于中央大学（南京大学、南京工学院、东南大学）建筑系任教授。曾任国际水彩画协会理事、亚洲画会主席、澳洲美协名誉主席、中国水彩画学会名誉会长、江苏省美协副主席、江苏省水彩画会主席等职。

第三章

初 出

1952 年夏，钟训正由南京大学建筑系毕业后分配至湖南大学任教。半年后调至武汉大学任教。其间，钟训正在初登讲堂之余倾心学习了当时极具声望的美籍匈牙利画家考斯基①的众多画作，宽头铅笔画达到相当水准；同时，完成了他建筑生涯中的第一件建成的设计作品——武汉华中工学院 1 号教学楼。

　　毕业后由湖大转武大的短短两年里，首登建筑学讲坛，完成处女作设计，宽铅笔画初见成效，钟训正收获了离校从业后的第一份体验。这是他建筑生涯起始的职业适应期。

1. 就职——湖大到武大

初为人师

1952 年秋, 原本 4 年制的 1949 级应国家建设之需, 提前一年结束学业。钟训正一班 8 人与上一班的 1948 级 7 位学长一道, 从南京大学建筑系毕业。

由于当时的湖南大学土木系正在筹办建筑学专业, 急需人才。原中央大学建筑系系主任刘敦桢先生作为湖南籍人士, 1925 年曾在湖南大学土木系工作过, 还是时任湖南大学土建系主任和建筑系筹备工作主持人的柳士英先生留日时的同窗、苏州工业专门学校时的同事, 因此, 从南京大学建筑系分配毕业生赴湖南就成了顺理成章之事。而钟训正老家湖南, 又是自然的人选之一。同赴湖南大学的还有他同班的强益寿、刘季良二位同学 (图 24)。

因当时湖南大学成立建筑系的条件尚不成熟, 钟训正到校后在土木系承担了建筑专修班的建筑设计初步课程教学, 正式开始了他的建筑学教师生涯。由于受到中央大学、南京大学建筑系的正规专业教育, 初登讲堂的钟训正很自然地将母校的教学体系融会到他在湖南大学的教学之中。

当时的建筑专修班共有 2 个小班,

图 24 湖南大学土木系馆旧址 (图片来源: 湖南大学官网)

各 40 余人。建筑设计初步由钟训正主讲并和另外 3 位老师 (其中有南京大学的 2 个同学) 共同辅导。据当时的学生唐厚炽 (后分配到南京工学院建筑系工作直至退休) 回忆, 钟老师板绘精准, 语言简练, 效果很好。然而, 钟训正的教学工作开始后不足半年, 他的建筑生涯就出现了一次重要的转折——1952 年 11 月, 为适应大规模经济建设对高级专业人才的需要, 根据中央人民政府政务

院指示, 中南行政委员会决定在武汉新建 3 所工科大学: 华中机械学院、中南动力学院、中南水利学院。为保证建校工程的顺利进行, 中南教育局调集了一批本区内很有名望的建筑工程专家参加规划设计工作, 他们当中有湖南大学的柳士英教授、华南工学院的夏昌世[②] 教授、陈伯齐[③] 教授和武汉大学、南昌大学的另 2 名土木学教授。同时还抽调了湖南大学、南昌大学土木工程系的部分

回宁之愿

青年教师和学生。钟训正即是被抽调的青年教师之一。

1953年2月，钟训正完成了分配至湖南大学土木学院后半年的设计初步教学工作，与湖南大学一行7人，由湖南大学总务长殷德铙④带队赴湖北武汉市武昌，开始了华中工学院和中南动力学院的规划设计工作。

1953年3月，根据上级指示，筹建中的华中机械学院、中南动力学院合并为机电互补的华中工学院。

当年5月，钟训正圆满结束了他所承担的华中工学院一号教学楼方案至施工图的设计任务，保证了工程的及时开工建造。设计结束一年以后的1954年5月，一期工程全部建成。由于整个工程的后期运行有所调整，两校的规划设计工作组宣布解散。钟训正随中南水利学院并入武汉大学水利学院，主要解决一些工程建设中的问题。后因工程下马，钟训正转而承担起武汉大学水利学院水工专业的房屋建筑学课程的讲授。

20世纪50年代初的全国高等学校院系调整中，中南区在湖南大学建筑系未予成立的情况下，将未对位上岗的人员做了统一安排。一年以后的1954年，当年一同从南京大学分配去湖南大学的同学中除强益寿留在湖南大学土木学院工作外，刘季良被重新分配到华南工学院建筑系，钟训正亦因武汉暂无院校成立建筑系，而得到通知改派至华南工学院建筑系。

对钟训正而言，在母校学习的4年是他最难以忘怀的美好时光。所以，自从离开母校到湖南大学和后来的华南工学院工作后，课余和工余时间他从未停止过继续学习，并由衷地希望得到母校老师的继续指导。每逢寒暑假，他就会带着自己的学习成果回母校向老师们汇报、与昔日的学友们交流。正是在1954年暑假那次返回母校，在学友们欣赏完他半年来的众多画作和设计图之后，钟训正去拜见了杨廷宝先生。

向杨先生汇报了在长沙、武汉的工作和学习情况后，钟训正表示出对自身工作状况和专业发展的担忧，第一次吐露了回母校学习、工作的心愿……昔日

教学中严厉有加的杨廷宝先生听入耳了，记在心了。

作为当时南京工学院建筑系系主任，杨廷宝先生对学科的发展负有重任。重要的是，他深知响鼓重锤亲手培养的学生钟训正的专业水平和学术价值。随后，杨先生便开始着手钟训正的调动事宜。

杨先生亲自出面去北京，约见当时的高等教育部部长杨秀峰⑤，部长随即安排下文到武汉大学水利学院，要求把钟训正调回南京工学院。

然而，公文来去反复了两次依然未果，原因是当时的人事制度不允许跨区调动。钟训正身处的湖南与武汉属中南区，所以在湖南和武汉未成立建筑系的情况下，中南区很自然地将其改派至同区内的华南工学院。而事实上，武汉大学也无权作出更改。

不久以后，杨先生在一次全国会议上与高等教育部部长杨秀峰坐在一起，专门谈及钟训正调动之事。杨先生恳请部长无论如何要想办法把他调回到学校（南京工学院）来。其后，杨秀峰部长就下公文至中南区教育局商调。

2. 业绩——成图和绘画

处女作

中南教育局接到命令后，不得不责成武汉大学党委书记告知钟训正本人，表达了此事办理是有可能的……心急如焚的钟训正得知此事，生怕夜长多变，立即买票、收拾行李，第二天便满怀欣慰地登上了返宁的回程。此时 1954 年暑假刚过。

1953 年 2 月 4 日，钟训正随湖南大学参加建校工作组来到武昌，开始参与华中机械学院、中南动力学院和中南水利学院的规划设计工作。

项目的选址定在武昌喻家山，总用地面积大约 5000 亩。按上级的部署，3 个学校统一规划，先集中力量建设华中机械学院和中南动力学院。1953 年 5 月，中南教育局决定将华中机械学院与中南动力学院合并，命名为华中工学院（1988 年 1 月更名为华中理工大学，2000 年与同济医科大学、武汉城市建设学院合并成立华中科技大学至今）。该校 1953 年的基建投资总额为 1326 万元，建筑面积为 81400 平方米（图 25）。当时，武汉长江大桥、武汉钢铁公司等国家"一五"重点项目还正在勘测准备中，就当年的投资额和建设规模而言，这是

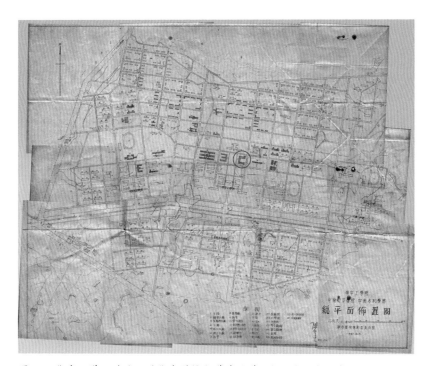

图 25　华中工学院总平面（华中科技大学建筑学院杨毅教授提供）

中南地区最大的建设工程。

　　一个多月后，规划设计组完成了《建校工程计划任务书（草案）》和校区平面布置初步方案，并专程赴京汇报。4月19日，政务院文化教育委员会下达文件，予以正式批准，并约请苏联专家顾问组进行了认真研究，对原设计方案提出了一些修改意见。

　　总设计方案确定以后，来自各地的规划设计组成员为完成"搞好建校、发展教育"这一目标，齐心协力，即刻投入紧张的设计工作。经过3个月的日夜奋战，到5月底即全部完成了教学大楼、学生宿舍、教工集体宿舍、教职工住宅、食堂、幼儿园等24种房屋类型的设计任务，绘制了施工图纸数千张。5月中，近万人的施工队伍开始进入工地。一年后的1954年5月，二院的第一期工程全部竣工[⑥]。

　　钟训正所承担的一号教学楼（现华中科技大学东三楼），是校园主轴线东侧的一座"Π"形平面3层大楼，总面积约6000余平方米。整体上布局合理、简洁端庄，仅在西侧的两个入口处檐部做了些恰到好处的装饰性处理（图26、图27）。这是钟训正入行建筑以来的第一件设计作品，建成后

图26　华中工学院一号教学楼局部（钟宁摄）

图27　华中工学院一号教学楼现状（钟宁摄）

使用情况良好，至今依然屹立在现华中科技大学的校园之中。现已被列入武汉市第八批优秀历史建筑保护目录一级保护名单。

宽笔画

1953年暑假回母校探访时，1951级学弟洪树荣⑦同学藏有一本使钟训正为之眼睛一亮的画册——《考斯基铅笔画》（*The Ted Kautzky Pencil Book*）。

该书作者美籍匈牙利人西奥多·考斯基是美国建筑界的知名画家。他的宽铅笔建筑与风景画用笔简练概括，洒脱豪放，力度充沛，层次分明，非常适宜快速、有效地表达建筑与环境。在这本图册中，作者根据自己丰富的经验，以讲课方式比较系统地具体说明了这种宽铅笔画的画法，附有丰富的图例。正是这本画册，让钟训正一见中意、爱不释手，当即向洪同学借下此书，带回武汉研读。

钟训正回到武汉大学后，利用在水利学院教课的空余时间，仔细品读了考斯基这本画册，并对其中的大部分内容做了认真临摹。继而，在自认为得其精髓后，便开始以此风格写生作画……由于他自幼喜爱绘画，大学四年又受到老师们的系统指导，打下了十分深厚的绘画功底，加之对此画风又喜爱至深，因此画得十分投入且颇得要领。数月下来，钟训正的宽铅笔画取得较为显著的成效。这让他自己甚是欣喜，周边的同业人士看了也都普遍称赞。一次，他去北京看望大哥时抽空去清华大学抄绘资料，清华大学建筑系同行们看了也颇为欣赏。

很快，钟训正的宽铅笔画在业内就颇有名气，他本人一度甚至被称为"钟斯基"。虽然在此之后钟训正又研习了多种画风，并均有或多或少的吸收与发挥，被公认达到了很高水准，但纵观其至今所创作的数以千计的各种画作，不得不说考斯基宽铅笔画对他画风形成与发展的影响确实比较明显（图28、图29）。

图28　考斯基的铅笔画（《国外建筑铅笔画》）

图29　钟训正的园林写生（钟训正提供）

注释：

① 西奥多·考斯基（Theodore Kautzky，1896–1953），美籍匈牙利建筑画名家。1930 年开始在纽约普拉特学院、宾夕法尼亚大学、纽约大学和多伦多大学任教。1949 年出版了《水彩之路》《西奥多·考斯基铅笔画》。其作品曾获美国联盟艺术家金奖等奖项。

② 夏昌世（1903–1996），广东新会人。1928 年在德国卡尔斯普厄工业大学建筑专业毕业并考取工程师资格，1932 年在德国蒂宾根大学艺术史研究院获博士学位。回国后于 1932–1939 年在南京任铁道部、交通部工程师。1940–1941 年任国立艺术专科学校教授、教务主任，同济大学教授。1942–1945 年任中央大学、重庆大学教授。1946 年起任中山大学（华南工学院）教授，1973 年移居德国弗赖堡市。——摘引自：赖德霖主编.近代哲匠录［M］.北京：中国水利水电出版社、知识产权出版社，2006.

③ 陈伯齐（1903–1973），广东台山人，1930 年在日本东京工业大学学习建筑专业，1934–1939 年于德国柏林工业大学建筑系学习。1940 年毕业回国，后历任重庆大学建筑工程系教授，首任系主任，中山大学、华南工学院（现华南理工大学）建筑系教授、系主任。

④ 殷德铙（1908–1991），湖南均楚人。北平工业大学毕业后曾在长沙明德中学、周南中学、醴陵简易师范、湖南省立第一中学、醴陵湘东中学、武冈洞庭中学任教。1948 年调湖南大学，曾担任湖南大学主任秘书、副总务长。1953 年调武汉参加华中工学院筹建工作，为该校建校负责人之一。——摘引自黄纯民主编《醴陵年鉴》（1992 年）

⑤ 杨秀峰 (1897–1983)，原名碧峰，字秀林。河北迁安人。杰出的教育家、法学家，我国公安政法战线的杰出领导人。1952 年 11 月至 1965 年 1 月曾先后担任高等教育部、教育部部长。

⑥ 华中工学院（华中科技大学）建校信息源自于该校官网及传主所存的工程情况简报。

⑦ 洪树荣，南京工学院建筑系 1955 届毕业生，曾任南京市建筑设计院总建筑师。

第四章

返宁

〈 1954—1966 〉

1954年，由时任系主任杨廷宝先生请教育部领导出面协调，钟训正调回南京工学院建筑系任教。回到母系任教的前12年间，青年时代的钟训正在积极投入建筑教学的同时，建筑创作也进入了其第一个高峰期。在一次次的设计竞赛，特别是北京火车站、南京长江大桥桥头堡设计竞赛中崭露头角，创作才华得到充分展现。其建筑画作也受到业界的广泛关注与肯定。

回到母校任教后，新时期的教育大革命、新中国建设的高峰来临，促成了钟训正教学能力的施展、设计才华的显露和绘画风格的转型。这是他专业能力凸显的初崭头角期。

1. 技艺——教研相长

初试身手

1954 年 10 月，钟训正来到南京工学院（以下简称"南工"）建筑系民用教研组任助教。

助教，是建筑系"先观摩、后指导"培养方式中年轻教师的必由之路，任务是在主讲教师的指导下熟悉教学任务和教学方法，辅助完成课程教学。助教虽不具备独立讲课资格，但无疑是主讲教师与学生之间的重要中介，上传下达、正确引导是其工作的要点。作为巴黎美术学院式"师徒相授"教学体系的直接受教者，深得杨、童等先生真传的钟训正，对"大平房"里高、低年级学生"传""帮""带"的传统也了如指掌。因此，他一方面得到了主讲老师的充分信任，另一方面也受到了学生们的一致拥戴。

回到南工的第二年秋，由于前一年助教工作进展顺利，加之来南工前的两年历练，钟训正事实上也已过了"学徒期"，被允许提前正式独立参加建筑设计课程的教学工作。

此时全国已经在开始学习苏联，在当时的时代背景和学制延长的情况下，建筑系的整体运作发生了一些必需的也是可行的变化：除了新建教学机构、加强教学管理之外，设计教学中的"社会主义内容，民族形式"要素被提出，教程中增加了包括"生产实习"在内的各种实习……然而，作为主干课程，"建筑设计"中基本功训练重被放在了重要位置，利用渲染表现建筑空间与形态的教学目标也并无改变……所以，事实上的结果是，原"美术学院式"的建筑教学体系得到了新的强化。

1955 年起，钟训正曾先后参加过二年级及以上各年级的设计课题指导，其中有游艇码头设计、住宅设计等建筑设计，以及建筑构图原理、生产实习等其他课程的教学。

在建筑设计类课程的教学中，钟训正自然地延续强调美院传统对建筑设计与表现精准度、翔实性的追求，对于学生在设计中的大意马虎虽不训斥，但都严格要求，有时更是亲自动手帮助学生修改正图，在尊重学生原本构思的基础上锦上添花——优化设计并美化图面（添加配景），直接体现了对经典"学院式"教育的忠实传承。与此同时，由于他对建筑形式与风格有着自己的价值取向——不排斥已被成熟研究和成功应用的中、西古代经典范式，但对当时已经在西方风生水起的现代主义更为青睐，所以，钟训正在主观上会对学生有创意的新想法予以鼓励。这应该是钟训正在"学院式"教育传统的发扬方面所做的努力。由于有了对传统的"继承"与"发扬"两方面的探索与实践，钟训正驾驭教学的能力逐步增强，趋于成熟。

1955 年暑假，钟训正作为主讲老师，与其他 2 位老师带领 1952 级学生赴北京建筑设计院的积水潭医院工地，进行了为期 2 个多月的生产实习。实习期间，不仅组织学生参观工地，安排北京建筑设计院工程师讲座，还与学生一道参加工地劳动。在近 100 天的朝夕相处、同吃同住中，师生之间结下了良好的友谊。

1956 年，1952 级学生毕业之后，钟训正与该班的女生——四川长大的安徽籍姑娘江三林正式结为夫妻。系里的老师们无不为之欢欣，系主任杨廷宝先生亲自主持了简单而欢快的婚礼，杨师母也前来祝贺（图 30）。

1957 年，国家对建设人才的需求加

脱颖而出

图 30 钟训正与江三林结婚照（1956年，钟训正提供）

大，高校普遍扩大了招生，应届毕业生留校的人数也随之增加，南工建筑系各教研室人员都得以扩充。钟训正晋升为讲师，1962年升为民用教研组主任，在设计教学中的带头作用越来越明显。

1958年8月，国家建委建筑科学研究院与南京工学院合办公共建筑研究室。公共建筑研究室由杨廷宝担任室主任、童寯任副主任，钟训正也被纳入其中。他先后参与了综合医院等研究项目，以及其后的综合医院专著以及食堂、车站等民用建筑设计原理教材的编写工作。其中《综合医院建筑设计》正式出版后曾获得全国首届科学大会奖。公共建筑研究室历时7年，1964年因协议到期而撤销。

1958年5月，中共八大二次会议正式通过了"鼓足干劲、力争上游、多快好省地建设社会主义"的总路线。紧接着，开始了"大跃进"运动。高教界也随之提出了"走向社会""理论联系实际"的指导思想，学校的正常教学基本停止。南工建筑系将一年级作为基础部，二年级以上由低向高成立了小、中、大3个"设计院"①，由刘光华先生等老师带着不同年级的学生直接参与实际工程的设计。项目有北京火车站、南京四大博物馆等。1958年秋，钟训正第一次参加了当时建筑界最高等级的工程项目：北京火车站方案设计。

北京火车站是向国庆十周年献礼的十大建筑中唯一的城市基础设施。当时在建筑系蹲点的南京工学院党委副书记鲍有逊通过铁道部联系到北京火车站的方案设计任务，并作为南京工学院教学、生产、科研三结合的教学改革试点。铁道部决定由南京工学院和北京工业建筑设计院共同承担北京站的建筑设计任务。

南工建筑系由系主任杨廷宝先生亲自挂帅，包括钟训正在内的其他五位教师带领二十余名四年级为主的学生组成设计组。

全组师生先向建设单位、使用单位征求意见，又到全国已建成的火车站做了充分的调查研究，然后便开始了方案设计。由于工期十分紧，为了迅速完成设计任务，全组成员都加班加点地投入做方案。经过集体讨论、综合、定案，然后送去征求意见，意见回来后便连夜讨论、修改、通宵画图，然后再去征求意见……如此反复修改、选择，设计组在短时间内先后完成了几十套方案，杨廷宝先生也亲自做了方案草图。

新的北京火车站功能上要求现代化，但造型上要求与北京的古都风貌相协调，因此其造型设计颇费周章。起初的方案造型多采用独立中心式构图，立面中间是一个又高又大的塔，报请中央评审时都没有通过。后来，时任北京工业建筑设计院总工程师的戴念慈②做了双曲扁壳的屋盖方案，但是这个方案的中间体量比较平。最后一轮造型方案征集时，钟训正的方案在保留双曲扁壳屋盖的基础上，增加了马头墙与拱形元素组合，立面构图中心是两个塔和一个厅，在功能上成为主入口的缓冲空间（图31）。

建筑工程部部长主持确定的最后方案图，就是钟训正设计和绘制的，由北京工业建筑设计院总建筑师陈登鳌等人去武汉向周总理汇报。总理看了很满意，但他建议在两个大钟楼两端的出口厅及市郊列车厅的屋面上，再加上两个小亭子作为陪衬。最后按总理指示定案，立面造型十分端庄匀称。方案确定以后，技术设计和施工图绘制都加班加点，夜以继日，边设计边施工，终于在国庆十周年前夕如期建成（图32）。

始于"大跃进"年代的另一个重要项目是南京长江大桥桥头堡设计。1958年秋，南工建筑系"中设计院"（原三年级）就开始了南京长江大桥桥头堡的设计，做了几轮方案，虽然向南京市委、铁道部大桥局汇报数次，但是都没有结论。

1960年初，南京长江大桥工程指挥部委托中国建筑学会发起了面向全国各大设计院和各大高等学校建筑系的桥头建筑方案征集。当时全国范围内的项目极少，南京长江大桥又是在没有外援的

情况下自主设计的第一座大桥、"大跃进"时期的精神标志，因此这一次竞赛得到南京工学院的高度重视。

南工由当时的系主任刘敦桢先生亲自挂帅，对全系师生进行了桥头堡方案设计总动员，刘先生还亲自起草了设计说明书。建筑系1956、1957级学生及老师是竞赛的主力，童寯先生也亲自做了方案，就是后来的中式凯旋门方案前身。在这种情况下，南工校内最初的方案就有300多个，经几轮筛选，最后选出38个方案为选送方案，6个为推荐方

图31 北京火车站旧照（侯凯沅摄）
（图片来源：两代摄影师 一座北京城. 北京：北京联合出版公司，2018）

图32 南工建筑系师生于北京站工地（1958年，第二排左三为钟训正）（钟训正提供）

案。钟训正是其中红旗式和凯旋门式两个方案的设计人，也负责这两个方案送选图纸的绘制（图33、图34）。

钟训正的红旗方案是在塔顶上立三面迎风飘扬的红旗，和当时的政治形势十分吻合。方案将两座分列桥体两侧的10层塔楼在底部连为一体，中部设有高大的门厅，塔楼内分别设电梯和楼梯，直通到上部的桥面；40米高的公路桥面是上层的进厅，宽大的雨篷被设计成观景平台；两堡上高耸着8米见方的红旗堡顶，三面红旗一高两低，三面红旗的两侧呈曲面——上部是单一方向的直线，下部拱起，充满动感。旗上有金黄色旗穗和杆尖，从江堤至旗杆尖高达70.4米。

1960年4月，全国竞赛的评选在南京福昌饭店[③]举行，17个单位送交了设计方案近60个[④]。评选会由铁道部大桥工程局的总工程师梅旸春[⑤]主持，评委有鲍鼎[⑥]、吴景祥[⑦]、戴念慈、张镈[⑧]、方山寿[⑨]、杨廷宝、童寯、刘敦桢等老一辈建筑师。评选的最终结果是选出了三个推荐方案报送中央审批，其中两个是南工建筑系钟训正所做的三面红旗方案和凯旋门方案，另外一个是北京建筑科学研究院顶部有群像簇拥红旗的方案。报送中央时，正值周总理出访东南亚数国回国后在上海开会，铁道部赶送图纸和模型到沪，最后由周总理选定南工建筑系的三面红旗方案[⑩]。

其后是三年困难时期，1961年正式开工的桥体工程建建停停，桥头堡初步设计也是做做停停，施工图设计和建造更是一直停滞。期间还经历了1963年的经费缩减，大桥桥面宽度自18米减

图33　钟训正绘制的凯旋门方案（1960年，铅笔）（钟训正提供）

图34　钟训正绘制的红旗方案（1960年，铅笔）（钟训正提供）

至 15 米，桥头堡平面尺寸也相应缩小。直到 1968 年大桥通车前不到一个月（准确说是 28 天）时，桥头堡才抢工绘图、建造完毕，施工质量不尽如人意。但这并没有降低其在艺术创作和建造上的重大成就，尤其是桥头堡在造型构思上准确把握了时代的脉搏，艺术地表现了当时人们的精神风貌，力求建筑本身的和谐统一以及建筑与环境的相得益彰，这无疑是历史环境、社会环境、自然环境、文化环境等诸多方面因素共同作用的成果，不愧是一座时代的建筑丰碑。

"一桥飞架南北，天堑变通途。"随着南京长江大桥的通车，大桥桥头堡的标志性形象很快红遍了大江南北，在全国各地引发了不小的"红旗热"。

1959 年，钟训正与南京工学院部分教师合作参与设计江苏无锡建筑工作者之家设计竞赛，方案在华东区评选时被评为两个优秀方案之一⑪。方案在地域文化表达方面所做的创意，曾在建筑学界引起广泛赞誉（图 35、图 36）。

1963 年，南京工学院建筑系历史上第一次参加了国际性赛事——古巴吉隆滩国际设计竞赛，钟训正与建筑系吴明伟（1957 年于同济大学建筑系毕业后来系任教，至 2006 年退休）、赖聚奎（南京工学院建筑系 1961 届毕业后留系任教）等老师合作，他们的方案在全国 19 个高等院校及各大城市设计院的众多方

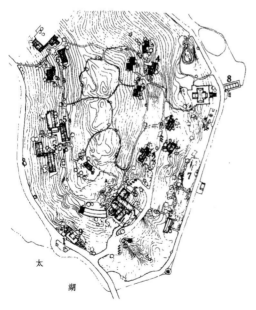

图 35　江苏无锡建筑工作者之家总平面方案图
　　　　（炭笔）（钟训正提供）

图 36　江苏无锡建筑工作者之家甲型住宅方案图
　　　　（炭笔）（钟训正提供）

案中被评为优秀方案之一，送选古巴（图37～图40）。

同年9月，建筑系打算成立研究设计院，由钟训正带队，与沈国尧、朱敬业（沈、朱均为南京工学院建筑系1955届毕业后留系任教）赴全国各大建筑设计院，就高等院校科研问题进行了专门考察。期间拜访过当时建筑界各位大师：北京建筑设计院总建筑师张镈和张开济[12]、天津大学建筑系主任徐中、武汉市建设局局长鲍鼎、武汉市建筑设计院总工程师黄康宇[13]、广州市建筑设计院总工程师莫伯治[14]等（图41～图46）。回系后，钟训正主笔撰写了调研报告上交系领导。

1964年，钟训正与公共建筑研究室成员合作，参与了南京火车站方案设计。经上海铁路局及中央铁道部评选选定，后由铁道部四院完成了施工图设计。

这一时期，钟训正还参加过系里组织的曙光电影院的方案设计。

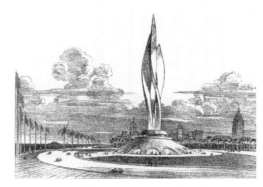

图39 钟训正绘制的吉隆滩纪念碑选送方案表现图之一（铅笔）（钟训正提供）

图37 钟训正所做的吉隆滩纪念碑方案草图之一（铅笔）（钟训正提供）

图38 钟训正所做的吉隆滩纪念碑方案草图之二（铅笔）（钟训正提供）

图40 钟训正绘制的吉隆滩纪念碑选送方案表现图之二（铅笔＋白粉）（钟训正提供）

图41 张镈

图42 张开济

图43 徐 中

图44 鲍 鼎

图45 黄康宇

图46 莫伯治

2. 画风——由习而创

警醒

1954 年，回南工建筑系后不久，因仿考斯基画风得到多方褒扬的钟训正，还在以为得其精髓，欲定其为今后自己的风格。他甚至已经在设计课为学生们改图时运用此画法，引来学生们的竞相效仿。

"我自幼喜爱绘画，弄到画片画本如获至宝。最初只是临摹，后来以临摹所得的技法来写生。当时，无师可从，全凭自学，虽然作品未登大雅之堂，但在那文化低微的小天地里，却也得到一片赞扬声，自我感觉有了几分才气。在飘飘然的同时，也激发出积极性和美好的理想，抱负也因之膨胀，前景似乎一片光明。然而，赞扬声所激发的积极性因无良师点拨，难免使自己走火入魔，陷入僵硬的程式而难于（以）自拔。"[15]

这时，杨廷宝先生看到了他的习作就有些不以为然，给颇为得意的钟训正泼来一瓢冷水。杨先生恳切地提醒：年纪还轻，不要急于建立自己的风格和独家手法。某一家的独到手法是经过他本人刻苦探索，千锤百炼，才达到炉火纯青的境界。要学他，形似易，神似难，超过他更属妄想，除非自己改弦易辙……杨先生还说，用笔的简练、豪放、传神，必须出自深厚的功底，不要看人家传神的寥寥几笔，其中凝结了多少年的心血。粗要出自细，从而得到解脱和发挥，才能获取神韵。考斯基的画虽得之不易，但也并非无可挑剔。如刚劲有余，柔润不足，表现力不是那么宽广。应博采众家之长，勤学苦练，融会贯通，日久自然水到渠成……

杨先生的这番教导一语中的，对钟训正震动极大。经过一番激烈的思想斗争，钟训正终于决定要改。

转向

钟训正仔细研究了几位有代表性的建筑画家，细细品味他们的作品，尽心琢磨他们各自的特点。留心之余，终于发现了新大陆……在众多著名大家中，最令钟训正倾心的建筑画家是美国建筑师奥托·爱格斯[16]。

有了这些范本，加上对光影、层次、空间感、氛围的耐心推敲，钟训正以风景照为题材，画出了大批习作，并自觉逐渐进入了角色，似乎发现了前所未见的新天地。反观自己类似考氏风格的作品，钟训正觉得有些粗野浮躁，难以入目。因此，他丢开了粗扁头铅笔而改用细铅芯的自动笔。

接下来，钟训正用细铅笔画过一批欧洲建筑和人物肖像等。据他的女儿钟容回忆说：他们小时候都见过这批画，用笔工整、细腻，给人印象极深！这甚至还引发杨老担心会"矫枉过正、拘于细节而丢失整体关系……"（杨老所言的大意）。十分可惜的是，当时为了保护画面不受损，钟训正自制了土法保护液——酒精泡松香喷在画面上。谁知一个夏天过去，一摞画页居然全黏在一道无法分开！（图47、图48）

图 47 细铅笔画稿之一（未完稿）（钟训正提供）

图 48 细铅笔画稿之二（未完稿）（钟训正提供）

杨廷宝先生的教导，促使钟训正一直保持着学习积累的心态。他悉心参阅了众多世界著名建筑画家的资料，摸索适合自己的画风。直至 20 世纪 60 年代初期，一段不期而至的经历，进一步促成了"钟氏画风"的逐步形成。

1962 年，为提高中国建筑研究室[17]年轻成员们的业务素养，该室主任刘敦桢先生带领全室赴扬州、苏州等地考察中国古典园林及民居。期间刘先生特地安排了钟训正随行，为全室现场示范园林建筑的速写。钟训正出手迅速、准确洒脱，受到研究室年轻人的钦佩和喜爱。由于时间有限，参观途中的速写都是在几到十几分钟间一挥而就，他当时用的正是后来最常用的"中粗"活动铅笔（图49、图 50）。

从此后直到钟训正晚年的铅笔画作不难看出，以粗铅笔所描绘的明暗关系为基础，局部有着细腻的表现——粗中有细、整体协调正是"钟氏画风"的主要特征。

此外，我们也可以看到钟训正对不同工具和风格的尝试，包括钢笔画、塑料笔画、水彩画等。如，北京火车站方案表现，与当时竞赛中其他大多数方案的大幅水彩渲染相比，钟训正表现图用的是灰色卡纸，铅笔作画再略施薄粉，虽是一号图幅，但显得更为雅致、耐人寻味。在大桥桥头堡红旗方案的效果图中，他又用了照相色的彩画法。不大的图幅内，为了突出红旗这一主题，画面构图仅取桥头堡的上半部分，使三面红旗处于画面突出部位。清晨朝霞掩映下，整个画面为暖色调，初升的太阳把米黄色的建筑照得金光闪烁，明面与暗面的冷暖色对比，使得画面色彩辉煌，气势十足。

应该说，在钟训正这一时期逐步形成的建筑表现风格中，考斯基风格的影响还是存在的。若以考氏画风算作起点，那么博采众长、应势而为则是他画风完善的开端。

图 49 扬州瘦西湖五亭桥铅笔速写（钟训正提供）

图 50 苏州留园冠云峰铅笔速写（钟训正提供）

注释：

① 1958 年夏，全国高教系统开展"教育大革命"。南工建筑系展开多轮新教学计划的修订，原有教研组也作出调整：成立"基础课部"负责一年级设计教学，二至四年级归为系内成立的小、中、大"设计院"或直接下其他设计院参加生产实践。

② 戴念慈（1920–1991），江苏无锡人。1942 年中央大学建筑系毕业后留系任教，1944 年至 1948 年在重庆、上海兴业建筑师事务所任建筑师。新中国成立后，任中央直属机关修建办事处设计室主任。1953 年 5 月，担任中央建筑工程设计院主任工程师、总建筑师。1982 年起，担任国家城乡建设环境保护部副部长、部党组成员。1991 年当选中国科学院院士。

③ 南京福昌饭店地处市中心商务区——新街口，是南京著名的"老字号"饭店，始建于 1932 年。饭店主楼为 6 层，为当时南京最高建筑，也是当时西方现代派建筑代表作之一。饭店开业伊始就是上流社会和达官显贵聚集的场所，抗战时期为日军招待所，抗战胜利以后曾作为李宗仁官邸，为军政首脑宴请和议事之处。1952 年起由南京市政府交际处承租，作为重要内外宾的接待场所。

④ 方案的具体数字有两种说法：58 个（南京长江大桥工程指挥部 1961 年撰："南京长江大桥桥头建筑设计方案照片集 – 序言"，鲁安东、崔傲寒《南京长江大桥桥头建筑设计方案集》，2016）和 57 个（周璞："桥头建筑方案审定详情"，《跨越天堑》，东南大学出版社，1996）。

⑤ 梅旸春（1900–1962），江西南昌人。早年考入清华大学土木系，后又入电机系加读两年，1923 年毕业，赴美深造，获普渡大学机械系硕士学位。但其志愿却在桥梁事业，1925 年参加美国费城桥梁公司工作。1928 年回国，在南昌工业专门学校任教。后毕生转战于全国江河之上建设桥梁，成为卓越的桥梁专家，曾兼任南京长江大桥工程指挥部总工程师。

⑥ 鲍鼎（1889–1979），字祝遐、宏爽，湖北蒲圻（现赤壁市）人。1918 年毕业于国立工业专门学校机械科，1928 年公费留美。1933 年于伊利诺伊大学建筑系硕士毕业后回国，任中央大学建筑系教授，1940–1944 年任系主任。1945 年任湖北大武汉都市计划委员会计划室主任，1950 年起任武汉市建设局局长。——摘引自：赖德霖主编 . 近代哲匠录［M］. 北京：中国水利水电出版社、知识产权出版社，2006.

⑦ 吴景祥（1905–1999），字白桦，广东香山（今中山市）人。1929 年毕业于清华大学土木工程系，1933 年巴黎建筑专门学校毕业。1934 年回国后就职上海海关建筑处，同年开办吴景祥建筑师事务所。1949 年后任之江大学教授，同济大学教授、系主任，1952 年任华东建筑设计院建筑师，1958 年起任同济大学建筑设计研究院院长。——摘引自：赖德霖主编 . 近代哲匠录［M］. 北京：中国水利水电出版社、知识产权出版社，2006.

⑧ 张镈（1911–1999），字叔农，山东无棣人。1930年考入东北大学建筑系，1931年东北沦陷后转入中央大学建筑系。1934年毕业后任基泰工程司建筑师，1940–1946年曾兼任天津工商学院建筑系教授，1951年任北京建筑设计院总建筑师。——摘引自：赖德霖主编.近代哲匠录［M］.北京：中国水利水电出版社、知识产权出版社，2006.

⑨ 方山寿（1917–？），江苏武进（现常州市武进区）人。1939年毕业于中央大学建筑系，同年任基泰建筑司助理建筑师，1943年任重庆中央印刷厂建筑师，1944年任和协工程司主任建筑师，1945年任陇海铁路工务处助理建筑师，1947年合办信诚建筑师事务所，任建筑师。1951年，任西北工业建筑设计院总建筑师。——摘引自：赖德霖主编.近代哲匠录［M］.北京：中国水利水电出版社、知识产权出版社，2006.

⑩ "由中国建筑学会组织有关方面在南京评选，选出三个方案作为推荐方案呈报中央。这三个方案是：南京工学院红旗方案、南京工学院拱门方案、北京建筑科学研究院群塑方案。这些方案曾在北京展出，征求了工农兵及有关单位的意见。审定结果，系将第一、三方案加以综合完善，并发展到以红旗为主题的现选方案：大堡塔楼顶部的三面红旗象征着社会主义建设总路线、"大跃进"、人民公社具有无限的生命力，小堡上的工农兵群像雕塑体现出我国人民将革命进行到底的英雄气概，使建筑设计遵循了革命的政治内容和尽可能完美的艺术形式的统一的原则。"——摘引自：南京长江大桥工程总结小组.南京长江大桥简介（九）桥头建筑［J］.桥梁建设，1973（6）.

⑪ 该项目基地位于无锡市郊北独山南麓，东临五里湖，北近梅园，南接鼋头渚，西眺三山岛及太湖，是新中国成立后的又一项重要建筑规划设计全国性赛事。竞赛举行的时间有另说为1960年，且南工方案所获名次是第一名。——详见：王文卿.回顾与展望建筑创作道路［J］.建筑学报，1988（2）.

⑫ 张开济（1912–2006），生于上海，原籍浙江杭州。1935年毕业于南京中央大学建系，曾任北京建筑设计研究院总建筑师、北京市政府建筑顾问、中国建筑学会副理事长，1990年被建设部授予"建筑大师"称号。

⑬ 黄康宇（1919–2005），安徽全椒人，1943年毕业于中央大学建筑系。曾先后任武汉市建设局技术室工程师、武汉工程公司设计科科长、工程师。1952年后担任武汉市建筑设计院总工程师，并曾任湖北省土木建筑学会副理事长、华中理工大学建筑学院名誉院长、《新建筑》杂志社社长、华中科技大学建筑与城市规划学院顾问教授等职。——摘引自：黄康宇同志生平［J］.华中建筑，2005（5）.

⑭ 莫伯治（1914–2003），广东东莞人，1936年毕业于中山大学土木建筑系，曾任广州市规划局总工程师、华南理工大学建筑设计研究院总建筑师等职。1995年当选为中国工程院院士，同年开办了莫伯治建筑师事务所。

⑮ 钟训正.顺其自然，不落窠臼［J］.建筑学报，1991（3）.

⑯ 奥托·爱格斯（Otto R. Eggers，1882–1964），美国建筑师。出生于纽约，曾就读于库柏联盟，毕业后于

1911 年作为勒布朗奖学金的第一个获得者游历欧洲，对著名的纪念碑进行素描写生和研究。回国后与丹尼尔·希金斯共同创立了 Eggers & Higgins 建筑事务所，参与设计了华盛顿杰斐逊纪念堂、国家美术馆、耶鲁大学体育馆等项目。

⑰ 1953 年，上海华东建筑设计公司和南京工学院合办 "中国建筑研究室"，由刘敦桢任主任，这是新中国第一个研究中国建筑的学术机构。由于研究室的成员多为华东建筑设计公司派来的一般设计人员和绘图员，并无中国古代建筑基础，所以刘先生首先是花了大量精力来培养他们，为他们讲课，亲自带他们去曲阜、北京、承德、大同、太原、应县、五台山等处实地讲解古建筑。该研究室 1955 年改为由建筑工程部建筑技术研究所 / 建筑科学研究院与南京工学院合办，1958 年研究室更名建筑工程部建筑科学研究院建筑理论及历史研究室南京分室，1965 年该室解散。——摘引自：中国建筑研究室口述史（1953–1965）［M］.南京：东南大学出版社，2013.

第五章

蓄势

〈 1966—1984 〉

"文化大革命"期间，钟训正以超然世外的姿态继续着自身专业素养的修炼。
他在应时的海报绘制之余，一方面继续大量收集中外经典建筑设计及建筑
表现案例潜心研究、深度解析，另一方面展开国外建筑构造图的精细抄绘和研习，
主动地弥补自身建筑技术知识上可能的欠缺。

"文化大革命"时的教学停滞期及其后的高教恢复期间，钟训正
潜心研读建筑典籍、抄图习画、钻研构造，充实了专业积累并运用在
实践中。这是他东隅桑榆平衡的学养补给期。

1. 练功——典案精读

海报

1966年5月，"文化大革命"开始。南京工学院和其他院校一样难逃一劫，停课革命、批判斗争……所有教学活动停止，学校的秩序陷入极度混乱之中。

在不许碰业务的状况下，高校建筑系不少老师为不虚度年华，纷纷尝试着学起与本行多少有些关联的行当：做木匠、裁缝衣、制乐器……由于在造型和技术两方面的双重素养，建筑系老师们的新活儿也做得不仅像模像样，还很有创意：徐敦源（1955届毕业后留校任教）

为家中不宽敞的客厅自行设计并制作了可折叠的两用沙发，白天是家人和客人的坐具，夜间是两个儿子的卧具；高民权（1955届毕业后留校任教）为解决女儿想学小提琴但无琴可买的困扰，找来制作图纸自行制作；许以诚（浙江美术学院本科、哈尔滨工业大学建筑学硕士，时任南京工学院建筑系教师，1983年后离职赴美国定居）利用铺天盖地的大字报废弃物，通过浸泡捣成含胶质的纸浆，再按人体脱模成型，制成完全合乎人体

工学的沙发；彭一刚（天津大学建筑系教授，中国工程院院士）的汽车和拖拉机模型制作水平也是极高……

此时，一向与人无争的钟训正不愿参与任何的派别之争，但也自知不可太过逍遥，完全置身于这轰轰烈烈的运动之外。于是，他便利用自己的绘画特长，担纲当时极为需要的绘画"宣传"工作：画海报、绘漫画……多年以来，由衷喜爱绘画的钟训正画笔从未离手，再加上多年的基础，因此干这份工作可说是得

图51　艺用人体素材（145页）

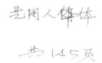

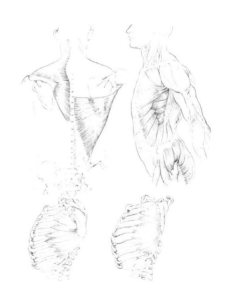

心应手。他笔下的人物，无论是气宇轩昂的工农兵英雄还是意气风发的红卫兵小将，都无不表现得准确、迅捷、简练而传神，赢得众人的一致称赞。这一结果，面上看也算他在此期间很"有所作为"了。

回到家中的钟训正更没闲着，他将从俄罗斯画报、连环画报等各处搜集来的绘画素材一一描绘在册。其中，有革命英雄、样板戏人物、中外讽刺漫画、人体解剖图解、各种动物形象等，不多久便画满了 7 个速写本，共 830 余页（图 51～图 54）。

尽管这一批画册的描绘对象并非是建筑，但却因为同是形象的描绘，且与

图 52　漫画素材（2 本：155 页、116 页）

图 53　动物素材（67 页）

建筑有着空间和形象上千丝万缕的关联，因此钟训正在描绘时依然是一丝不苟，力求准确无误。就连其中的人体解剖图，并未受过专业人体绘画训练的钟训正都画得相当准确，堪比专业画师！

这在客观上是为"宣传画"做充分的素材储备，主观上却是钟训正训练手头功夫不得已的替代……

图54 人物素材（3本：150页、101页、102页）

抄绘

白日喧嚣退去后的夜晚，是钟训正尽心享受绘画研习的美好时光。到了"文化大革命"后期，他又悄悄地恢复了学生时期就再熟悉不过的建筑抄绘。从系里资料室从未停订过的各种外文资料中不难得知，当时全球范围的现代建筑早已发展得如火如荼，看得钟训正按捺不住内心的激动。课内时间不能看端详，便暗地里一本本借回家中仔细研习。研习的办法还是边抄绘、摘录，边思考、记忆。

然而，这一时期的抄绘水准，已与学生时代不可同日而语了。首先是钟训正专业眼界的提升，这反映在抄绘对象的选择和抄绘时提炼、简化的合理性。

其次，不得不提的就是钟训正自己对普通塑料笔独创的特殊用法。这种木纤维笔尖、海绵体胆管加彩色墨水的普及型画笔，被他改用不褪色、不沉淀的蓝黑墨水。使用时视浓淡所需而正向或倒置敲击笔杆两端，使得笔胆内的墨水向下或向上运动，因而出水量得到控制。这种塑料笔画出的线条有浓淡和枯盈之分，比钢笔画简便而表现富含层次，也远比铅笔画易于保存。

很快，20世纪60年代末、70年代初系资料室数十种外文建筑杂志上所刊登的世界著名建筑案例，被钟训正用这种"塑料笔"一一抄绘下来，不久便集满了厚厚的红、黑色2个速写本，足有百余页。被钟训正精读后选择性抄绘的，主要是反映最新建筑潮流的《Progressive Architecture》(PA)、《Architectural Record》、《Review》、《Architecture Design》（AD）等以及一些苏联版建筑杂志中的优秀案例，其中包括城市雕塑、公共建筑和环境等上百例。钟训正后来认为，当年这种"手工业"方式的绘图令他在今后的创作实践中得益匪浅，而复印机虽然省时省事，在记忆中却淡薄得多。钟训正的抄绘这一爱好，一直延续到复印机已然出现的70年代后期……（详见第十一章图186～图193）

其后不久，钟训正又开始了钢笔建筑画技法及其资料的系统整理。他将搜集多年的著名建筑画专著中相关建筑画教程资料和世界级建筑画大师们发表的作品，用小钢笔十分精细地绘在硫酸纸上。他的这批徒手建筑钢笔画幅幅繁简得当、精准至极，令人看了无不惊叹。

配上基本技法的讲解，就是后来近300页的《建筑画环境表现与技法》一书的成稿。该专著于1985年出版，其后再版了46次（图55、图56）。

1969年，钟训正与美术教研室的崔豫章等合作编写建筑绘画教材，主编绘画原理及素描部分，还参与编写了综合医院以及食堂、车站等民用建筑设计原理教材。

图 55　《建筑画环境表现与技法》封面　　　图 56　《建筑画环境表现与技法》内页

2. 补课——构造研习

细究

在数量渐多的工程实践中，钟训正越来越清楚地认识到自己在建筑技术方面的知识有所欠缺。究其原因，或许是传统教学系统有所缺失，抑或也说明他此前对形式的创作及其表现更为钟情。

"文化大革命"之前的 1963 年，钟训正就开始了建筑技术方面知识的学习和资料搜集，并开始着手国外建筑实例中构造图的抄绘。

"文化大革命"中期以后，钟训正借回系图书、期刊室的《Detail》《Doors+Gates》《Architectural Detailing》与《Architecture and Building News》《The Architectural Record》以及日文的《新建筑》《建筑文化》等杂志，从中选取实用为主的常见节点构造图，和现代建筑大师的著名建筑构造图，将其分门别类进行翔实细致的记录性描绘。做笔记和资料搜集时，每一道粉刷、每一颗螺钉都不省略，便于自己学习和以后查阅。构造节点都由立面、剖面、平面以及大样来表达，有的还有透视图相配。还以少量文字对于每个构造特征或者优点进行总结概括，说明不同的适用范围、与造型的关系、对采光通风的影响等。纵观钟训正的设计，这些构造知识已经作为专业的素养和经验的积累，使他在设计时能胸有丘壑，知道结构或构造上各种做法的优劣，以及建成后的效果，而非通常的止于功能布局和造型：画平面图时并不清楚立面的空间界面是什么样、结构上选用什么体系以及墙柱窗的位置关系，具体的形式或照搬经典，或交接含混不清……设计达不到应有的深度而影响施工。

这近 800 幅的构造大样的研习和描绘、收录，对钟训正可说是受益匪浅。除了积累丰厚的成品图页，为日后的《国外建筑装修构造图集》完成了主体资料的采集和整理，更重要的是，这些不可或缺的建筑技术的给养补充，为钟训正的方案设计的现场实施增添了法宝和利器（图 57）。

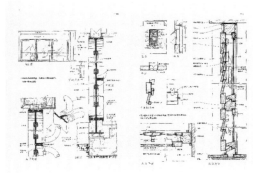

图 57　《国外建筑装修构造图集》封面及内页

验证

1968 年 8 月底，南京工学院接到通知，南京长江大桥工程要在 9 月底竣工通车以迎接当年国庆，其中桥头堡是重点和难点。高 70 余米，共计 16 层的桥头堡结构复杂，还有红旗部分的曲面形体，其构造设计甚至因工程一度搁置而需边设计边施工……工程的难度可想而知。

当时成立了大桥建设委员会，由南京市第一建筑公司承担建设任务，军代表总负责，钟训正任建筑负责人（组长）。为了赶上塔楼一天上一层或两层的建设速度，南京工学院建筑系参与大桥工程的师生吃住在工地，两班倒地边画图边施工，非常紧张。在对构造做法已了然于心的钟训正带领下，南工团队以当时最先进且成熟的方法及时完成了桥头堡建筑的施工图绘制。这份验证了钟训正建筑技术学养的设计成果，很快得到主管部门和施工单位的一致赞同。

然而，由于当时还在"文化大革命"后期，特殊的政治氛围着实给桥头堡的详图设计和现场施工带来了一些令人意想不到的困扰。

桥头堡大平台以上的墙体原本采用花岗石饰面，因被指责是浪费国家财产而改成水刷石。同时材料里还不能有设计中提出的一定比例的黑色石子，原因是"不能有污点，给社会主义抹黑"。先是要求人工把其中的黑石子全部捡掉，但工作量太大，工期不允许，建筑公司又提出将暖灰色鹅卵石打碎、搅拌打磨成圆石子后再用。但是样板铺装出来后，色调太过惨淡无趣……最后，由当时的南京市市长发话，支持原设计采用的石子配比，才又回到原先设计的做法。

三面红旗的表面材料原设计是 10 厘米见方的红色玻璃面砖。青岛玻璃厂为此试制出来的样品效果不错，但批量生产时各炉产品间的色彩多少都有些色差。此外，玻璃砖的黏结剂——环氧树脂由南京钢铁厂研制出来后并未经过耐久性试验，因此黏结强度不够而造成部分玻璃砖从高空脱落。这甚至引发了部分市民的"破旗"之怨。后来（应该是大桥通车后）只好将玻璃砖全部铲掉，改为红色油漆。

此外，因抢工而引发的情况也偶有发生。有一次，同在工地的年轻教师卫兆骥（1963 届，毕业后留校任教）发现红旗的钢板整体安装倾斜了好几厘米，便立即向钟训正汇报。因为工期紧、纠偏难，施工人员一开始不愿返工。但南工师生秉承负责任的态度，坚持要改，于是由钟训正亲自向施工人员做思想工作。最终，施工人员被说服后同意修改，并且积极配合、集思广益，设法在几个小时后将巨大的红旗曲面钢板体扭偏为正，保证了施工质量，也避免了一场可能引发的政治性诉病。

短短不到一个月时间里，在设计和施工人员齐心协力、共同努力下，两组巨人一样的桥头堡奇迹般地树了起来，保证了 1968 年国庆日南京长江大桥的全面通车。这其中，南工建筑系师生尤其是钟训正在现场设计和施工指导方面的艰辛付出功不可没（图 58）。

20 世纪 70 年代后期，钟训正还先后参与了南京雨花台烈士陵园纪念馆、南京五台山体育馆、上海铁路旅客站等方案设计。1981 年，完成了南京建管所设计。1983 年，完成了南京科技会馆方案设计。同年，开始了无锡太湖饭店新楼的设计。

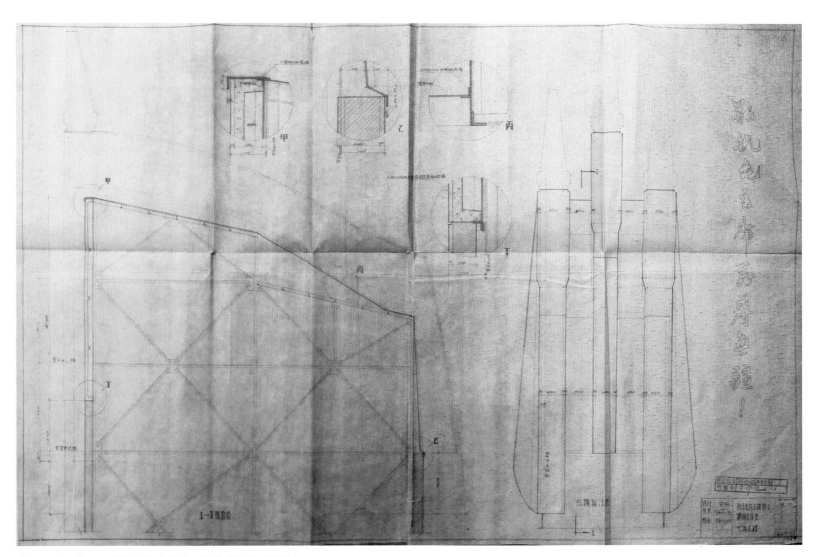

图 58　南京长江大桥桥头堡建筑施工图选（钟训正提供）

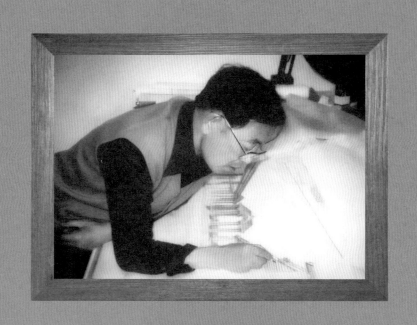

第六章

赴 美

〈 1984—1985 〉

1984年，钟训正作为访美学者赴美 14 个月，由已在美定居的刘光华先生帮助联系，先期在保尔州立大学进修，后转去印第安纳波利斯市的 BDMD 事务所和波士顿市的 JB 公司作为设计师参加工作，曾参与了美国印第安纳州首府印第安纳波利斯市中心广场及旅馆、波士顿港口建筑群等方案的设计，受到美国建筑同行们的极高赞誉。

一年多在美国建筑事务所的工作期间，钟训正在正视国内外业界差异的同时，以自己过人的建筑表现和设计实力赢得同行极高的赞誉。这是他研习彰显双收的能力拓展期。

1. 定位——务虚转务实

首出国门

20世纪70年代后期，随着改革开放在全国各个领域的全面开展，中国建筑界与国外的学术交流开始解禁。国内各大高校陆续与西方国家开始学术交流。南京工学院建筑系也开始有了西方同行们的学术来访，教师出国交流的机会也渐渐显现。

1984年，学校挑选5位教师派往英、法等国进修学习，其中指定两人到美国：一个是动力系的老师，另一个就是建筑系的钟训正。事后，钟训正才从分管外事的老校长口中得知，他去美国是杨先生1982年去世前指定的。杨先生甚至已和贝聿铭①联系，有意将其送去贝氏事务所，后因贝聿铭回信说业务安排有问题才未成行。

在得知派出的消息后，钟训正便提前给已在美定居的刘光华先生去信请求帮助，刘先生联系了他任教的印第安纳州保尔州立大学。有了刘光华先生的帮助，钟训正很快得到了保尔大学建筑系的接收函。1984年秋，钟训正经过很短时间的集训，就匆匆踏上了赴美的旅程（图59、图60）。

通过事先所做的了解钟训正得知，去大学进修的人员多数情况是：由于背景差异，教学上不会被安排具体的任务，仅是做做辅助工作；学习上要能听懂背景复杂的理论课需要足够的英文听力水平，胜任者也是不多的。因此他早就拿定主意，与其放任游荡，浪费宝贵的一年时间，不如选择去设计公司，实实在在地体验和介入设计实践。到了美

图59　旅美时期（钟训正提供）

图60　旅美时在刘光华先生家中（钟训正提供）

BDMD

国后，他在保尔大学稍作逗留便很快转向，去了位于印第安纳州首府印第安纳波利斯市的 BDMD（Browing Day Mullins Dierdort Inc.）建筑事务所，这也是刘先生帮他联系的。

位于纳波利斯市的 BDMD 事务所有五六十人，是规模比较大的一家，运营和管理都甚是严格。钟训正到达的第一天刚放下行李，就被"请"去做一个颇有"考试"意味的大厦方案完善设计。钟训正顾不上路途的劳顿，当下就伏案工作，用时十几分钟便完成了。结果是钟训正的这份方案成果质量相当不错，

令原先不太看好中国人的事务所主管们看后十分满意，当即决定将其留下工作（图 61）。

从不爱彰显的钟训正稍加环视后也不难发现，以自己的手头功夫而言，所里的同行们无人能及。"在公司中，能画出相当水平的建筑图（特别是透视图）的人很少，他们认为无须把时间掷在表现上，建筑师们应把大部分时间用之于构思立意。设计过程中反复琢磨，精益求精，表现方法却很简单。……业主们虽也重视具象表现，但一般尚有较高的文化和艺术素养，大多精通业务，不易为浮夸和弄虚作假的画面所骗，能够接受简练素雅的表现法。当一个设计在定案后或在重大的设计竞赛中，也常要求有一精美的表现图，但这一任务的解决也社会化了。社会上有专业的绘画和模型公司，一张画从草图到完成图，一般要经过数次反馈，索价很高，作品自然精美，公司很少长期聘用专业画家。通常，在初步设计过程中，为了与业主即时磋商和取得其认可，要求图纸表现简洁明了和快速，有时甚至是争分夺秒。在模型制作上，一般也只要求以大体块

图 61　刚到 BDMD 时所作草图（钟训正提供）

为主，无须着意刻画细部，总之是突出一个字："快"。"②这多少让初来乍到的钟训正心中的不安感得到些许缓解，很快便全身心地投入到工作中去（图62）。

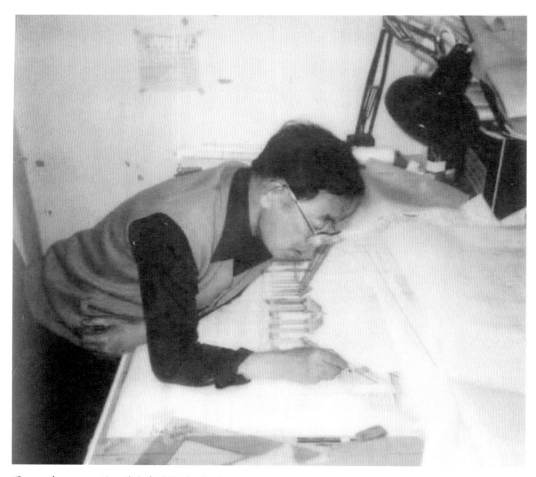

图62　在 BDMD 的工作室中（钟训正提供）

不久，所里的同事们便纷纷来到钟训正的工作桌前，请他帮忙画图。在工作交流中，原本令钟训正不太自信的口语竟然并无障碍。结果是，钟训正面对同事的合作请求有求必应，且出手迅捷，令来者无不满意而归。……渐渐地，钟训正就忙得不亦乐乎，加班加点变成了常事儿。

在接下来的数月中，钟训正主要参与了当时公司接下的印第安纳波利斯市的一组建筑及环境的规划设计，包括中心广场及相邻的旅馆、办公楼和旧火车站改扩建等。这是市政当局为缓解市中心雕塑纪念广场的压力、容纳市民的各种活动与地下停车等所采取的市政举措。

在主创设计师拿出方案构思后，由钟训正汇总后画出表现图，上交市府征求意见，接着是下一轮的修改、上交……在这数量众多的表现图中，有场面宏大的广场鸟瞰，也有尺度适中的单体透视。有简练豪放的创意展示，也有刻画精细的局部描绘。在他的手下，这一幅幅铅笔画无不迅速准确、精彩纷呈，为整个工程的顺利进行作出了无可替代的贡献。为此，钟训正得到了全所上下的高度赞许和尊重。

8个月后，为进一步扩大自己的专业视野，除利用工程间隙外出参观、调研，钟训正还想去其他事务所体验体验。在另一位先期到美的南工同事奚树祥老师的帮助下，联系了波士顿的 JB

2. 施展——被动变主动

JB 公司

（Jung/Brannen Associates,Inc.）公司。BDMD 事务所的主管得知后急切地通过刘光华先生表示出挽留之意，主动允以厚待，还要协助他接家人来美与其共同生活……但是，钟训正一向对生活待遇和条件无过多奢求，有国家教委发给的出国津贴已生活得很是满足，至于将全家迁至美国生活，他更是从未想过。于是，钟训正婉言谢绝了主管的美意。

钟训正临行前，主管亲自主持，破例动员全所同仁为他开了一个场面感人的欢送会。大厅里挂了印有钟训正照片的大幅欢送展板，当全然不知情的钟训正被请入场时，全场即刻响起了同仁们经久热烈的掌声……丰盛的茶话式欢送会上，主管还代表全所向钟训正赠送了幻灯机（一直为钟训正收藏在家）、录音机，以及印第安纳州篮球明星画像的球服（图 63）。

其后，在钟训正已转去波士顿工作期间，BDMD 事务所的一个项目负责人还专程赶去波士顿，为他向 JB 公司请了假，恳请他补画纳波利斯某官邸项目的 4 张透视图，之后才满怀谢意地离开。

波士顿 JB 公司的规模较前一家要大很多，是 20 世纪 80 年代波士顿最大的事务所，有 260 多人。钟训正到该公司时，公司正好接到了港口建筑群的设计任务。

为此，钟训正一下就画了 5 张研究性透视草图，其中一张是总体鸟瞰图。这些草图虽算不上精雕细琢，但是清晰地表达了港口地段建筑与滨海环境之间的形体及尺度关系。建筑群丰富的层次与轮廓线，建筑单体的明暗变化与立面虚实，甚至可在其中分辨出沿海树木绿化情况与人群在不同时刻的密集程度……据此可对滨海一线建筑作出进一步的深入研究。JB 公司对这些草图极为满意。

图 63　离开 BDMD 时的欢送会掠影（钟训正提供）

深度介入

此外，钟训正还参与了某公寓的室内设计和办公楼、厂房、旅馆的方案设计，以及一所高校的多功能体育馆竞赛方案设计。短短 4 个月的工作中，他勤奋的工作态度、精深的专业功底和优秀的专业素养，同样给 JB 公司留下了极佳的印象。

工作结束回国前，JB 公司同样为钟训正举行了一个别开生面的欢送仪式。下班前，公司里的一个项目组长来找钟训正，把他带到公司顶层的一个大会议室里。这儿平时布置了很多展品，而此时却挂满了钟训正所画的全部草图，好多张原本 A2 大的都被放大至布满整个墙面，这令他感动不已……

20 世纪 80 年代前的中国，由于长期的闭关自守，专业人员认知有限，建筑师缺乏自主与主动，设计中生搬硬套、粗制滥造几乎就是那时建筑实践界状况的真实写照。所幸的是，钟训正在此期间一直自进未止，不仅手头的绘画功力日趋臻善，设计观念上也与时俱进。因此，到了美国后，钟训正在深受同行们恪守业德、精细致密的工作作风感动的同时，并未察觉到自己与同行们业务上有明显的差距。

因此，早在他进入第一家事务所——BDMD 事务所开始工作不久，钟训正的工作内容就渐渐从协助绘图转向了介入创意，直到后来部分的独立完成方案构思与成果表现。在钟训正短短数月的勤奋工作表中，不仅展示了超群的建筑绘画技巧，娴熟的设计创作技艺也得到了美同行们的充分肯定。这无疑是他在美国专业事务所设计业务中从被动接受、浅层辅助，到主动参与、深度介入的实质性转变。仅印第安纳波利斯市中心广场一例就足以说明这一转变。

在州政府和会议中心之间百米余见方的广场用地上，钟训正首轮就自主创作了四个方案。为避开城市交通的喧嚣与纷扰，方案采用下沉式，以取得安静的场所环境。方案综合考虑了城市绿地、市民活动与无障碍设计等方面的因素，方案既有中轴对称式，又有非对称式。方案经事务所同仁们讨论后又做了进一步优化和完善。第二轮方案中，广场放弃了影响地下停车和易于造成阴角的下沉庭院，仍然保留州政府中轴线序列，并将立体交叉的思路放在广场一侧办公建筑形体空间的营造上（图 64、图 65）。

1985 年暑期末，钟训正结束了 14 个月的旅美行程回到南京。此后，钟训正将他在美期间的部分设计作品汇集出版了《炭铅笔建筑画》一书（图 66）。

图 64　印第安纳波利斯市中心广场设计图（钟训正提供）

图 65　波士顿市郊某办公楼设计图（钟训正提供）

图 66　《炭铅笔建筑画——钟训正旅美作品集》（钟训正提供）

注释：

① 贝聿铭（1917–2019），美籍华人建筑师。出生于中国广州，祖籍苏州。先后在美国麻省理工学院和哈佛大学就读建筑学。曾荣获 1979 年美国建筑学会金奖、1981
　 年法国建筑学金奖、1989 年日本帝赏奖、1983 年第五届普利兹克奖，及 1986 年里根总统颁予的自由奖章等。作品以公共建筑、文教建筑为主，代表作有美国华盛顿
　 特区国家美术馆东馆、法国巴黎卢浮宫扩建工程等，被誉为"现代建筑的最后大师"。

② 钟训正．作者的话 // 炭铅笔画：钟训正旅美作品选 [M]．南京：东南大学出版社，1991：4．

第七章

盛 产

⟨ 1985—1997 ⟩

20世纪 80 年代起，随着改革开放而来的全国建筑繁荣，给了钟训正全面施展才华的机遇。他与同系的孙钟阳、王文卿老师组成"正阳卿"建筑创作小组，在合作进行建筑创作实践的同时，也进行了一系列教学与科研活动。

随着改革开放而来的城乡建设高潮，给了钟训正与团队协同展开教学研究、建筑创作和建筑绘画成功实践的难得机遇。这一时期成果接踵而出。这是他整体快速推进的业务高峰期。

1. 正阳卿组——佳作频出

组合

面对当时扑面而来的改革春风，钟训正预感到建筑的春天即将来临，他便有意尝试用自行组合的团队方式予以回应这样的时代。

在此前的建筑教学和建筑设计交流中，昔日的学生、后已成为同事的孙钟阳、王文卿二位渐渐进入了钟训正的视野。同在建筑设计教研组的这两位老师分别是南工建筑系 1955 届、1959 届毕业生，他们在上学时受到过严谨的学院式建筑专业正规教育。钟训正曾任过他们设计课指导教师，对二位的专业素养了然于心（图 67）。

1983 年，钟训正与二位合作设计了无锡太湖饭店新楼，期间配合默契，组合效果更趋完善。至此，一个完整的三人组合——"正阳卿"建筑创作小组渐渐成型。

组名是以年龄为序，从三人的名字中各取一字——"正""阳""卿"组合而成。他们三人之所以在专业上走到了一起，首先是有着相同的受教背景，其次是对建筑都有相近的个人理解，再者是有着共同的创作追求。

尽管这三人年龄有别、性格各异，但合作中能分工有序、各尽其长。相对而言，钟训正平和而极富热情，创作手法娴熟，善于方案的整体构思与表达，是团队中的主心骨；孙钟阳生性严谨，工程技术知识丰富，善于技术层面的施工图绘制把关和与其他各工种间的协调配合，是团队中令人信服的大管家；王文卿随和而机敏，在与人交往方面游刃有余，善于协调项目过程中可能出现的各种矛盾，是团队中不可或缺的润滑剂（图 68）。

在学生眼中，三位老师的组合拳优势不仅是学问上的，也是事务上的，甚至在教导学生上也显出不一样的"奇观"：孙钟阳是严字当头，眼睛里容不得沙子；王文卿常常是笑谈和幽默中大

图 67　钟训正（右）、孙钟阳（中）、王文卿（左）合影（钟训正提供）

有深意，表扬中带有提醒，需要学生有敏感的觉察；钟先生从不直接批评也不随意赞扬，总是在亲自示范中开导学生。一次项目加班赶图时，一位迟到的学生边啃馒头边画图被孙钟阳喝退，王文卿则是以黑色幽默方式予以批评，钟训正却笑说可以"留队察看，以观后效"。事后，孙钟阳被问及此事时大笑说："根本不用担心，只要钟先生在场，肯定开除不了，钟先生是菩萨心肠。"

钟训正对学生甚至合作方的宽容、关爱是一以贯之的。某个体育中心投标时，因参与的学生第一次做大规模的复杂项目，设计进展不如人意。定稿看图时钟训正沉吟许久后决定放弃，说："这个项目不怪大家，是我安排的题目太难了。"他就以这样的方式开解了大家心里的压力。他也从不为强求作品完美而吹毛求疵、为难合作者。某个项目因施工队比较粗心、不少细节未按设计完成，他只是说了声："这些细节就不改了吧，就不要为难施工队了。"

图68　钟训正（中）、孙钟阳（右）、王文卿（左）于某会场（钟训正提供）

产出

"正阳卿"建筑创作小组在合作期间，建筑设计佳作不断，获奖频频，很快便以建筑创作的高质量与好口碑而在全国闻名：

1985年，"正阳卿"小组完成夫子庙大成殿两侧东西市场建筑群规划设计，1986年建成（图69），1989年获建设部优秀设计三等奖[①]；

1985年，"正阳卿"小组完成无锡太湖饭店扩建工程设计，1986年建成（图70）。1989年获国家教委优秀设计一等奖、建设部（国家级）优秀设计二等奖，并入选国际建协（UIA）第二十届建筑师大会——当代中国建筑艺术展，获得当代中国建筑艺术创作成就奖；

1986年，"正阳卿"小组完成甘肃敦煌画院及兰州敦煌研究中心设计，1988年建成（图71），获国家教委优秀设计二等奖；

1987年，"正阳卿"小组完成海南三亚金陵度假村设计，1988年建成（图72），获国家教委优秀设计二等奖；

1989年，"正阳卿"小组完成南京丁山宾馆扩建设计，后因故未实施；

1991年，"正阳卿"小组完成南京中山陵太阳广场嘉麟楼设计，1993年建成（图73），获国家教委优秀设计三等奖；

1992年，"正阳卿"小组完成苏州同里湖度假村设计，1995年建成；同年，"正阳卿"小组还完成了南京东郊宾馆国宾楼设计，1994年建成。

另外，在此期间钟训正还以个人名义主持或与其他设计单位合作完成了一批建筑的方案设计。其中有：安徽合肥庐阳饭店（1982年）、南京科学会堂（1983年，图74）、青岛火车站（方案，1983年）、江苏省公安厅电子技术大楼（1986年）、杭州胡庆余堂药研旅游中心（方案，1986年）、南京双门楼宾馆影院（方案，1987年）、江苏省旅游局办公楼（1992年，图75）、南京云湖大厦（1992年，图76）、山西路广场金山大厦（1993年，图77）、嘉年华休闲中心（1994年，图78）、南京挹江门外名人宫（1995年）、南京天华大厦（1996年）等一系列优秀作品。

1995年，钟训正应南京市规划局之托，担任南京旧城区的中华路、雨花路片区改建工程总建筑师，为南京

图69　南京夫子庙东西市场（钟训正提供）

图70　无锡太湖饭店新楼（钟训正提供）

图71　兰州甘肃画院（钟训正提供）

图 72　海南三亚金陵度假村（钟训正提供）

图 75　江苏省旅游局办公楼（钟训正提供）

图 77　山西路金山大厦（袁玮提供）

图 73　南京中山陵园太阳广场嘉麟楼
　　　（钟训正提供）

图 74　南京科学会堂（钟训正提供）

图 76　云湖大厦（袁玮提供）

图 78　南京嘉年华休闲中心（钟训正提供）

古城的市容与环境改善作出了重要贡献（图79）。

1996年，钟训正在《建筑学报》上发表了《北京建筑刍议》一文。该文以当时前10年北京建筑风格所反映的城市面貌为例，畅书直言、直指时弊：对"夺回古都风貌"运动中的盲目复古正言相斥，对首都给下级省市城市带来的负面影响深表担忧……这篇发表在建筑专业杂志上的文章，体现了一名资深建筑学者严肃的职业思考，更饱含了他作为共和国公民的高度社会责任意识。不夸张地说，这既是一篇代表了专业界心声的专业论文，更是一篇反映了大众呼声的社会檄文！《北京建筑刍议》一文一经发表，便引起专业界和社会各界的高度关注，钟训正也因此获得了包括国际优秀论文奖在内的多个奖项（图80）。

图80 《北京建筑刍议》获国际优秀论文作品证书（钟训正提供）

图79 南京中华路、雨花路沿街建筑改造实景选（钟训正提供）

2. 表现技法——教学革新

教材编纂

建筑制图是建筑学教程系统中不可或缺的一门专业基础课程，可说是伴随着建筑学学科的建立而同时出现的。

然而，在中央大学建筑系成立后早期的若干年内，建筑制图课程长期处于非独立状态——分段授课且无专用教材。具体来说，就是将课程的整体内容的两大部分分开教授：投影几何由学校的制图教研室教师讲授，常与其他工科类班级同堂上课，沿用机械制图教材；阴影透视由建筑系教师讲授，专门针对建筑学专业学生，但并无固定教材。20世纪40年代末，建筑系开始尝试由本系教师统筹讲授此门课程，先后有徐中、龙希玉（1940届中央大学建筑系毕业后留系任教）等老师参与过此课的教学。由于各老师所参考的教材（均为外文版）不尽相同，学生当堂理解、记录和课后复习、做题均相当困难。因此，该课长期以来被学生戏称为"头疼几何"。

钟训正留系任教后，便意识到南京工学院建筑系亟需一套体系完整的建筑学专用的建筑制图教材。

20世纪60年代末，对投影几何和阴影透视原理烂熟于心的钟训正与同事孙钟阳、王文卿一道，将《Graphic Standards》等国外专著中有关制图的内容进行了系统的筛选、梳理，开始了《建筑制图》教材初稿的编写。钟训正编写了其中的第一部分和透视阴影等章节。书稿将一直由学校制图教研室和建筑系老师分上机械制图和建筑阴影的两大部分内容合为一体，对于建筑学来说实用性很强。1972年，建筑系开始招收专科学员后，该教材以蓝图本的方式在72级专科班试用。钟训正亲自上堂讲解了其中"建筑透视及阴影"部分的内容，是对新教材内容的第一次试讲和检验。

《建筑制图》的成稿可以说是开南工建筑制图教材编写之先河，同时也是"正阳卿"小组合作教学研究的开端。这在南京工学院建筑系历史上，课程建设与教材建设方面的双重意义是无可争议的。《建筑制图》于1990年正式出版，1995年获得了建设部颁发的全国高校优秀教材一等奖，此后再版了20余次。东南大学等许多高校建筑院系一直沿用（图81、图82）。

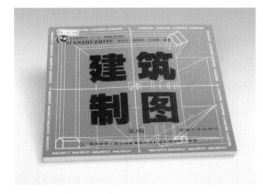

图81　《建筑制图》封面

图82　《建筑制图》内页

教学探究

继"正阳卿"小组的建筑制图课程改革与教材编写的合作研究之后，钟训正在教学改革方面的关注点是研究生设计课程教学和毕业论文撰写。从所涉领域上看，这与他 20 世纪 80 年代后期教学任务的主体由本科向研究生的转向是一致的。

早在 1978 年，继 1977 年恢复全国高考招生后南工建筑系开始招收硕士研究生。系里的第一批导师中，采用组合方式统一招生，团队培养。钟训正与齐康一道被刘光华先生选择入组。1982 年后，钟训正又与刘光华、张致中（1948 届中央大学建筑系毕业后留校，时任建筑系系主任）、许以诚组成 4 人导师小组。

这是一种组团式研究生教学联合体，导师之间结构上年龄有别，学术上各有偏重。这种导师间的差异互补、资源整合，对学生素质培养的普适性和专一性结合无疑是很有利的。事实也证明，这种教学思路的成效是肯定的。

1983 年后刘光华、许以诚二先生先后离系，4 人导师小组便告结束。但这种研究生培养方式，被钟训正带到了已然具备合作条件的"正阳卿"3 人小组中。

1983 年后，"正""阳""卿"三位尽管由于招生管理之故而分开招生，但在培养过程中是以"联合"为主的：专业课——建筑设计教学完全打破导师界限，具体论文选题和撰写指导时导师才相对分开，但学生们完全可以多方请教，答辩时也是三人全到。此时的三人小组联合教学，在合作方式上，导师之间的平等性要高一些。这或许与三人的年龄梯度不大有一定关系，但与之关系更为直接的是钟训正的谦和品性。

对于教学，钟训正认为学习主要依赖于个人的自觉性。因此，对勤奋上进的学生他更严格而高要求，对上进心稍有欠缺的学生他也并不会求全责备。他会鼓励学生通过阅读积累知识，尽快找到适合自己的学习方法。在论文选题时，尽管钟训正始终坚持以满足社会的实际需求为准则，偏向与设计关系密切的问题类选题，但在选题之初他从不限制学生的思路。他鼓励大家打开思路，可以依据自身的兴趣爱好广泛选题。最终交予钟训正审阅时，他才会修正过于天马行空的想法，并给出合理的建议。

20 世纪 90 年代中期以后，三人组中的孙钟阳（1996 年）、王文卿（2003 年）二位不幸因病先后离世。钟训正在悲痛之余，不得不对建筑创作和教学团队做出新的调整。更为年轻的教师单踊（1981 届南京工学院建筑系本科，1984 届硕士毕业后留校任教）、韩冬青（1984 届南京工学院建筑系本科、1991 届硕士，1994 届博士毕业后留校任教）、冷嘉伟（1987 届南京工学院建筑系本科，1992 届硕士毕业后留校任教）进入团队。

这三位均为"正阳卿"小组成员的硕士研究生，都曾留系从教数年，且均兼任过院（系）的管理工作，在教学、实践及管理方面有一定的积累。

钟训正与这三位中青年教师之间尽管年龄悬殊，但多年来相知甚深、意趣相投、配合默契，工作中梯度相对更为明显，传、帮、带发挥得恰到好处：无论是设计创作还是论文研究，都以民主式的广开思路开始。通过集体讨论、比较，钟训正集思广益后提出建设性思路和大方向，再由青年教师带领学生向前推进，最终成果由钟训正拍板后制作送出。

经过数年来的全方位合作，新的团

队组合在建筑理念与思想上相互碰撞、优化融合，成果丰硕。团队在钟训正带领下，先后完成了福建武夷山星村镇九曲花街规划及单体设计（2003 年设计，2007 年建成，获 2011 年度教育部优秀勘察设计一等奖、2011 年度优秀工程全国勘察设计行业三等奖）、淮安洪泽文化艺术中心（2003 年设计）等设计创作，培养了数十名硕士研究生和博士研究生。

注释：

---

① 夫子庙东西市场是 1984–1986 年南京工学院建筑系承担的夫子庙核心地块规划及建筑设计（主持人为潘谷西、王文卿，参与者有陈薇、张十庆等）项目中的一部分，设计署名为王文卿、丁沃沃。该东西市场规划设计的雏形是 1984 年钟训正指导的研究生丁沃沃的论文研究课题中的规划设想。

第八章

丰获 〈 1997—2023 〉

1997年后，身为中国工程院院士的钟训正，在自己的教学和实践之余，出席了众多的高级别学术交流和社会活动。他仍心系东南大学建筑学科发展的点点滴滴，在建筑学院大楼和他亲手创办的环境与建筑研究中心，仍然可常见到他的身影。21世纪初以后，年届八旬的钟训正渐渐淡出，沉浸在家中的书房，享受着天伦之乐和建筑绘画的意趣。

当选中国工程院院士对钟训正而言是实至名归，在更高的学术层面推动建筑学领域的教研与创作，并参与国家及地方建设，建言献策。这是他收获回馈并举的全面成就期。

1. 公务——议标也议事

业内活动

20世纪80年代后期以后，"正阳卿"小组在业界风生水起、大展宏图，一批建筑创作项目先后建成，并大多获得了建设部、教育部和各省市级别的优秀设计奖项。钟训正的学术造诣和成就连同他谦和友善的极佳口碑，为越来越多的建筑教育界和设计界同行们所熟知，继而得到了全国范围的广泛肯定和赞许。1997年，在中国建筑学会和多位院士的力荐下，钟训正当选为中国工程院院士。

钟训正当选院士时，已年近70。他一方面继续深耕建筑设计，并利用工程创作机会，加紧为建筑院校和设计机构培养骨干人才，另一方面着手总结学术成果和专业经验，出版了《脚印——建筑创作与表现》等一系列专著。同时，他在为国家和地方建设建言献策、重要工程设计的评审和咨询等方面倾注了大量精力。

钟训正先后开展了一系列建筑工程的设计创作，如国家大剧院方案设计国际竞赛（方案，1997年）、南京山西路广场综合大厦方案设计（1997年）、江苏淮安洪泽文化馆设计（2002年）、福建武夷山九曲花街规划与单体设计

（2003年）。

此间，钟训正参与了大量重要项目的规划设计评审，如：南昌大学新校区概念规划设计方案评审（2002年）、南京威尼斯水城和浦东新苑规划设计方案评审（2003年）、中国合肥科学城概念性规划及城市设计方案评审（2004年）、苏州市世界遗产研究教育中心设计方案评审（2004年）、绍兴曹娥江大闸工程上部建筑方案评审（2004年）、北京第三届中国建筑学会建筑创作奖评审（2005年）、威海"蓝星杯"第五届中国威海国际建筑设计大奖赛评审（2005年）、淮安市多功能会展中心评标（2006年）、南宁人居建筑与规划大奖赛评审（2006年）、广州歌剧院国际邀请建筑设计竞赛评审（2006年）、随州市炎帝神农故里风景区修建性详细规划评审(2007年)……由于钟训正的学术声誉和公正亲和的品性，众多的国内国际方案评审会均由他出任主审。尽管评审会多是全国范围的，评委们经常是长途奔波后面对一大堆方案文本，精力体力的付出相当大，但年逾八旬的钟训正一如既往地从不马虎行事，每每是尽快简单用

餐后便闭门工作到深夜。他极负责任地仔细审阅方案文件，将各方案以简图的方式一一摘抄记录在案，并实事求是拟出自己对各方案优缺点的评判和改进优化的意见。因此，钟训正在评审会上的总结性点评无不全面、深入而又精准、切题，令参赛者、组织者和评审组等各方折服（图83）。

钟训正还出席了各种建筑文化、建筑创作等主题的高级别学术会议：苏南水乡民居研讨会（1995年）、中国建筑学会建筑师学会建筑理论与创作专业学术委员会第一次学术讨论会（1996年）、皖苏两省建筑师学术年会（2000年）、江西庐山建筑与文化国际学术讨

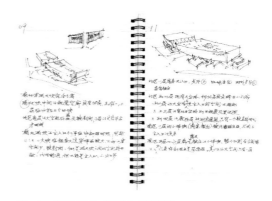

图83　评标记录（钟训正提供）

社会尽责

论会（2002年）、海南中国建筑创作论坛2002学术年会（2002年）、当代中国建筑创作论坛（2005年）、第二届中国威海国际建筑设计大奖赛暨著名建筑师创作论坛（2005年）、哈尔滨新区城市设计研讨会（2006年）等，每次钟训正都应邀作大会发言。他自身有着多年的创作体会和成功经验，因此发言一向以务实而切中要害、诙谐且观点明确著称，受到与会者热赞。

城市规划和建筑设计，是与百姓生活、环境营造乃至国计民生息息相关的专业类型。作为中国工程院内为数不多的建筑与规划专家，钟训正义不容辞的任务之一，就是为各级政府出谋划策，为各地城市建设不同阶段的重大发展决策提供权威的专业性支撑。他先后担任多个省、市政府的建筑与规划顾问，出席各地各级的城市规划建设方面的发展战略、决策研讨论证会议，如：华中科技大学召开的"城市大提速"武汉高峰论坛（2010年）、杭州余杭临平副城发展战略研究及临平副城空间发展概念规划咨询会（2012年）、中国工程院在南京紫金山庄举行的中国当代建筑设计发展战略——国际工程科技发展战略高端论坛（2013年）、江苏省住房与城乡建设厅"弘扬建筑文化，彰显地域特色"年度专题研讨会（2014年）等。在这些会议上，钟训正充分利用与各级领导接触的机会，和与会专家一道据理直言，诚恳表达自己的真知灼见（图84、图85）。

2003年9月，钟训正应邀出席了在广西南宁召开的全国城建档案工作会议。会议期间，他对城建档案工作发展提出了很多宝贵的建议，并写下了一段非常重要的文字："如果说建筑是凝固的音乐，城市则是一首永存的未完成的交响乐，它是否优美和谐取决于对城建档案的重视，可以说城建档案是城市发

图84　与众院士会议交流（前排右二为钟训正）

图85　接待张锦秋院士来访（右一为钟训正）

展的一个重要音符。"当时参加会议的长沙市城建档案馆馆长冯兆平觉得钟院士的题词非常好，是对城建档案工作重要性的高度概括，是对全国城建档案工作者的重大鼓舞。他把钟院士的题词抄了下来，回来后即安排工作人员用电脑制作、镌刻，布置在长沙市城建档案馆大门正面的墙上（图86）。

此外，钟训正还利用各种场合，向政府相关部门和媒体，对城市建设中存在的过多挥霍资金和占用土地资源等奢靡、浪费现象予以批评。

不得不说的是，身为资深教授的钟训正，在评上院士后依然保持着平易近人的一贯作风。无论是应邀出席学术交流、项目评审或高级别会议，他不但对活动的接待绝不端身架、提要求，且对前来车接、安排起居的工作人员总是笑脸相向、揖谢在先。就餐时，除了主人恭敬的菜品以外，钟训正往往就近随便夹取一些，很快吃饱后便尽快离席回房看文件。遇上宴席太正式实在不宜早退时，他才放慢些进度陪着……对他这不考究又不饮酒的湖南人来说，一碟烈度足够的辣酱佐餐就足够了。日常生活上，

钟训正更是不讲档次、极易满足，渴了就端起那用了多年的大搪瓷茶杯猛饮几口凉白开，手机皮套用破了自己用针线悉心缝补好继续使用，便携式旧老花镜一戴就是二三十年……

图86 钟训正题词（钟训正提供）

2. 业务——环境与建筑

退而不隐

1997年5月，鉴于钟训正的学术造诣、师德人品及健康状况，东南大学经研究决定后正式发文予以继续聘任，延迟退休。钟训正除了继续承担研究生教学工作以外，依然热心科学研究和建筑创作。

1999年国庆前的9月30日，由东南大学校办正式发文，钟训正成立了环

境与建筑研究中心。他带领单踊、韩冬青、冷嘉伟等中青年老师协同工作，开展以环境与建筑为主题的创作设计和教学活动。江苏淮安洪泽文化馆设计、福建武夷山九曲花街规划与单体设计等都是环境与建筑研究中心成立后，钟训正主持创作的作品（图87、图88）。

2008年秋，一向身体状况良好、很少染病的钟训正偶感不适，被送往江苏省人民医院诊治。经检查，确诊为胆源性胰腺炎，病情颇为严重。鉴于他已年逾八十，院方的治疗方案十分慎重。经过江苏省人民医院与南京军区总院的联合治疗，月余后痊愈出院。此后，在学校、学院及家庭三方的力劝下，钟训正才开始减少外出活动，也不再招收研究生（硕士及博士）。

从业以来很少歇息过的钟训正并未就此停止他的学术生涯。除了出席国家级、省市各级政府组织的有关政务会议，参加中国工程院等机构组织的各类学术论坛、方案评审外，他还十分关心我国建筑及其教育事业的建设与发展。他多次应邀赴国外或国内各地院校建筑院系考察指导。其中：参加了中国工程院院

士代表团赴俄罗斯建筑科学院访问、交流（1997年），出席主持了南昌大学新校区概念规划设计评审会（2002年），应邀赴山东建筑大学建筑城规学院参观指导工作（2006年），受聘成为佛山科学技术学院名誉教授并作了题为"厚积薄发——建筑创作之体会"的学术报告

（2007年）。

对东南大学建筑学院，钟训正更是关注有加。除了不定期地给本科生作学术讲座外，他还利用各种机会，对学院的学科发展表达自己的关切，经常出席学校及建筑学院诸年的校、院庆典和校友聚会等活动（图89～图92）。

图87　环境与建筑研究中心入口（李国强摄）

图 88　环境与建筑研究中心钟训正办公室
　　　（李国强摄）

图 89　为本科生讲课
　　　（赖自力摄）

图 90　与学院教师讨论教学问题
　　　（李国强摄）

图 91　出席杨廷宝百年纪念会（赖自力摄）

图 92　百年校庆学生作品展剪彩（左二为钟训正）（赖自力摄）

休而未闲

2000 年以后，年事已高的钟训正的外出相对渐少了。他将时间更多地投入到他自幼钟爱的绘画当中，而题材则从纯建筑环境扩展到更加辽阔的自然（人工）风景环境。"通过描绘能游走在其间，是一种美好的享受。"一语道出了他晚年的心声。

他以中外各地如画般的建筑与环境风景为题，铅笔、半透明的草图纸为工具，持续数年绘出了数以千计的建筑风景画。在这一幅幅画作中，钟训正以其娴熟的技巧，通过铅笔线条的粗细、浓淡与疏密变化，将建筑风景中的空间层次、场景氛围、建筑细节等表现得出神入化、惟妙惟肖、耐人寻味。2009 年后，钟训正的《风光素描与速写》《风光素描与速写续集》以及《笔尖情愫——钟训正院士风光素描画选》三本画集相继出版发行，为建筑类图书出版领域增添了令人耳目一新的力作，也为建筑学人提供了珍贵的建筑与环境画范例（图 93 ～图 97）。

家庭的天伦之乐是钟训正晚年生活中的另一项重要内容。夫人江三林已从江苏省建筑设计研究院退休回家，亲自安排家务和照料钟训正的起居饮食；长

图 93　风光素描选之一：瑞士阿尔卑斯前山（铅笔）（钟训正提供）

图 94　风光素描选之二：意大利阿尔卑斯山（铅笔）（钟训正提供）

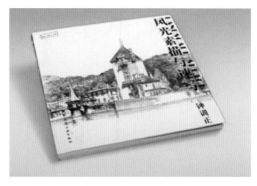

图 95　《风光素描与速写》

图 96　《风光素描与速写续集》

图 97　《笔尖情愫——钟训正院士风光素描画选》

子钟宁任东南大学建筑设计研究院专职建筑摄影师，长媳王静敏是南京工艺美术公司的专职工艺画师；次子钟宜南京艺术学院毕业后在扬子晚报任美术编辑；女儿钟蓉同济大学建筑系毕业后回宁工作，曾在江苏省建筑设计研究院从事建筑设计，后任南京长江都市建筑设计院总建筑师。这是个建筑和艺术的大家庭，成员都在南京工作和生活，每逢周末和节假日，便回到钟训正在东南大学兰园宿舍区的家中，济济一堂，其乐融融（图98）。

钟训正和夫人江三林的亲友们也时常走动，几乎每年他们都会与哥嫂、弟妹们在南京或去四川、湖南聚会。2014年10月，钟训正夫妇及长子、长媳赴长沙（二哥一家居住地），参加了钟氏家族老少四代40余人的大聚会，老一辈中健在的各位均悉数到场。二嫂、三哥三嫂、五哥、七弟媳及小妹夫妇虽均年事已高，但都精神矍铄，心情开朗。在近一周的时间里，一大家人游览了橘子洲头、岳麓书院，回忆往昔、畅叙别情、互致问候与美好的祝福（图99、图100）。

2014年是钟训正回母校执教60年。11月15日，东南大学建筑学院为此举行了小范围的座谈和研讨会以示庆祝。不同时期受教于钟训正的校友10余人从各处前来，在建筑学院所在的东南大学中大院会议室齐聚一堂，畅叙师生情谊、回忆美好往事，向先生表示诚挚的祝贺（图101、图102）。

2018年10月初，长期致力于建筑教育事业、倡导设计实践在建筑学学科发展和人才培养中的核心地位的钟训正院士，在90高龄之际决定向东南大学教育基金会无偿捐赠50万元人民币，用以激励同学们在建筑设计领域的学习、探索和创新。受到先生大义行为的感染，钟训正先生的部分弟子们在征得先生的应允后，做出跟随捐赠，共同成立了总额160万元人

图98　钟训正夫妇、子女与自英回国的侄儿（前排左一）合影（钟训正提供）

图99　钟训正夫妇与同辈亲友于橘子洲头（居中者为钟训正夫妇）（钟宁摄）

图100　钟训正家族长沙聚会合影（前排右七、八为钟训正夫妇）（钟宁摄）

民币的"钟训正—青蓝基金"。当年教师节的10月9日上午，基金捐赠仪式在东南大学四牌楼校区老图书馆隆重举行。东南大学校领导、东南大学基金会领导、建筑学院领导、钟训正及弟子代表、学生代表数十人到场，共同见证了这一时刻（图103）。

捐赠仪式现场，老人满怀深情地表达了他的心声："……白驹过隙，转瞬之间我已虚度九十光阴，步入鲐背之年！回首往昔，我从莘莘学子进入东大并有幸成为杨廷宝、童寯、刘敦桢等老先生门下学生。老先生们的教诲让我受惠终身，我也将一生尽职于东大……'桃花潭水深千尺，不及东大送我情'，我想在有生之年尽绵薄之力，助同道后生之学业，实现其梦想，成就之未来。愿东大建筑学院的学子们不忘初心、勤勉好学。青出于蓝而胜于蓝！（摘引自钟训正《青蓝基金会致辞》）

2018年10月，南京长江大桥结束了为期27个月的封闭式维修。作为第一座由中国人自行设计、自主建造的双层铁路、公路特大型桥梁，南京长江大桥以其气贯长虹的"中国跨度"和气吞山河的"民族气概"，见证了半个世纪的历史风云，彰显了永久美丽和时代风采。南京长江大桥精神已成为中华民族精神的重要组成部分。2014年，南京长江大桥被纳入不可移动文物保护范畴。2016年，大桥的桥头堡成为首批20世纪中国建筑遗产，2018年，大桥被列入全国首批工业遗产保护名录。此次大桥的封行改造，除了在功能性上的大幅度提升，桥头堡与三面红旗、工农兵雕塑等桥上文物的修缮工作同样备受关注。

而对普通的南京乃至全国人民来说，南京长江大桥更是早已成为铭刻在心的"国家记忆"。就在再次通车前几天的2018年12月22日下午，东南大学建筑学院党委特邀钟训正先生，组织了一场别开生面的活动：建筑学院党员师生一行近百人登上即将开通的大桥桥面，以实景党课的形式与钟训正先生共睹了桥头堡的崭新风姿。其后的24日下午，他又应江苏省和南京市电视媒体邀请再次登桥接受现场采访。12月29

日，钟训正出席了通车当天的剪彩仪式。

面对修缮一新的桥堡，师生和记者们都热情高涨，围着钟训正先生提问不止：当年的创作情景是怎样的？当下的感受又如何？……而他都是以惯常的淡定，微笑着应答："没什么（了不起）的……"

从30岁开始设计、40岁建成到90岁回览，钟训正与南京长江大桥桥头堡结下了半世纪有余的不解之缘。可以想见，可能是因为个中的感受太多太多，乃至难以言表，但就其不爱张扬的秉性来说，钟训正更可能的确自认为没啥可炫耀。做了很多很多，但仍觉一般般，这正是先生厥功至伟但又平易不惊的业绩与操守再真实不过的写照（图104）。

2019年11月19日，东南大学首届"钟训正设计奖"颁奖仪式在东南大学四牌楼校区前工院一楼展厅举行。东南大学建筑学院教授、中国工程院院士钟训正先生到场全程参加了活动、亲自为获奖同学颁发证书并寄语同学们"不忘初心、勤勉好学"，还欣然应允，在获奖同学的获奖证书上签名留念（图105）。

图 101　钟训正从教六十年座谈会（左列右二为钟训正）（李国强摄）

图 102 钟训正从教六十年座谈会合影（前排居中者为钟训正）（李国强摄）

图 103 青蓝基金捐赠仪式（居中者为钟训正）（李国强摄）

图 104 南京长江大桥修复完毕后于桥堡前留影（李国强摄）

图 105 与首届"钟训正设计奖"部分获奖学生合影（李国强摄）

专题

第
九
章

教 研

中国建筑教育自 1949 年至今经历了转折、停滞与发展三个重要时期，而钟训正的教学生涯正是这一时期时代变迁的鲜明印证。他在秉承经典的教学传统的同时，奋力拓展以设计为核心的建筑学本科教育，并开创了产学研融合的团队化研究生教学新模式，培养了大批教学骨干和优秀执业建筑师，书写了新中国建筑教育中的光辉一页。

1. 师承——基本功训练为核心的本科生教学

闻道与解惑

自 1952 年步入讲堂，钟训正从教60 余年。虽然其间经历了困惑踌躇，也有过忙碌忧心，但他数十年如一日，对教学兢兢业业，赢得了一代代学生的信任与敬仰。

追溯其教学思想的形成之源流，应是他正式接触建筑行业之初，在国立中央大学接受建筑教育之时。鲜明的美术学院教育氛围和师徒制传统对钟训正的建筑观和教育观的形成有着至关重要的影响。

1）受教美院

1948 年钟训正进入国立中央大学（次年更名为南京大学）学习，此时的建筑系正经历着"学院式"建筑教育本土化以及现代主义思潮传入的双重影响。美院体系根植本土已有 20 余年，钟训正在校期间学习建筑设计的主要参考资料即俗称"红皮书"的巴黎美术学院学生作品年鉴以及俗称"蓝皮书"的古典建筑设计图集。在历史波折之中，建筑系历经迁徙、拆分、合并，但这些珍贵的书籍资料至今仍完好地保存于现东南大学建筑系图书馆中，从书中的内容可以看到当时美院教育坚实的思想基础。虽然 20 世纪 40 年代以后课程设计上没有强制采用西方古典元素，但基本技法练习仍以精确的历史样式为基础。

古典构图法则和技法的训练，一方面是让人熟悉古典建筑法则，另一方面则是塑造建筑师耐心、缜密的职业思想。渲染表现从线稿到正图，每一个步骤都要经过指导老师的修改、定稿。作为宾夕法尼亚大学正统"学院式"建筑教育培养的第一代中国建筑师，杨廷宝、童寯谙熟西方古典样式的比例与法则及渲染技法的调和，大到建筑形体的把控，小到建筑线脚的层次，他们不厌其烦地为学生修改草图与正稿。刚开始建筑学习时，钟训正并不能理解这种教学方式的意图，对于繁复的装饰一概掠过，并因此受到杨廷宝先生不留情面的批评。钟训正对在校学习期间杨廷宝、童寯等先生的教诲感激在心，正是在校期间所受的批评与教诲促使他不断学习进取。

杨廷宝先生将钟训正从武汉大学调任回南京工学院可谓改变了他一生的轨迹。回到母校后，钟训正跟随杨、童等老先生参加了北京火车站、南京长江大桥、雨花台烈士陵园等大型设计项目，对老先生的职业精神和专业技能更是敬佩有加。钟训正在自己的教学中也继承了杨廷宝等老一辈建筑教育家的"师徒制"教学传统，在强化自身设计功底的基础上，通过改图示范的方式来传授建筑设计方法。美院教育重视设计思维与图绘表达，这使钟训正在此后数十年的教学中非常重视基本功，同时也让他形成了良好的建筑素养。

2）试教土木

1952 年至 1954 年近两年时间中，钟训正辗转湖南大学、武汉大学，历经两校建筑系筹办之初的踌躇与艰辛。虽然钟训正对于这一时期的绘画、设计经历记忆犹新，但却很少回忆教学中经历的往事。大概是当时仍作为助教教学时间不多（仅有初到湖南大学后的半年时间），因此所能提及的教学成果更是少之又少，但正是这些初登讲堂的历练对于钟训正的教学思想的形成有着潜在的重要影响。

湖南大学由 1926 年创立到 1949 年，虽然已经历了 23 年的发展，但其教学条件真正得以改善还是基于新中国成立后对科学研究人才、高、中等学校师资和有实际操作技能的高级工业建设人才的大量需求。湖大建筑系筹办人柳士英1920年毕业于日本东京高等工业学校，对于中国建筑学教育有启蒙之功。作为第一批归国的留学生，他创办了中国建筑教育史上最早的建筑系科之一——苏州工业专门学校建筑科，这也正是现今东南大学建筑学院最早的源流。20世纪初，由于延续了明治维新时期技术创新的教育思想，柳士英所接受的正是当时日本纯正的工学院教育。同时为了适应新中国快速建设的步伐，由他筹办的湖南大学建筑系继承了工学院教学上重视技术与实用性的思路。20世纪50年代中期，湖南大学建筑系一年级设计课开始就做小设计，便是典型的工学院做法。

而其时的国立南京大学无论在师资还是教学方式上都传承了中央大学建立之初"学院式"建筑教育传统，重视古典构图、渲染技艺。钟训正在大学学习期间正是以杨廷宝、童寯、徐中等留美毕业生以及张镛森等国立中央大学自主培养的毕业生为设计教学骨干的时期，教学上自然延续了美术学院的授课方式。虽然早在20世纪30年代现代主义

建筑教育已经在全国各大高校萌芽，中央大学建筑系也引进了欧美先锋图书、杂志，但教学体系的整体构架仍延续了以"学院式"构图与渲染为核心的建筑初步教学，这种教学体系一直沿用至钟训正在校时期，1952年前后全面学苏时才为日渐强势的苏联建筑教育体系所取代。

初建的湖南大学建筑系同样面临着长久以来的"技""艺"之争。虽然钟训正等国立南京大学毕业生作为助教参与教学，并非有意将美术学院一脉的教学传统在工学院体系中推广开来，但不同教学思路的碰撞实际上成了湖南大学建筑设计教研组此后内部论战的起点。钟训正所参与的"建筑设计初步"教学正是美院教学体系中的重要一环。

此后，钟训正调任武汉大学水利学院教授土木（水利）工程类专业学生房屋建筑学，其内容更偏于制图与构造，并不重视设计构思与表达，这与建筑系建筑设计课程可谓相去甚远。但此后钟训正教学中颇为关注的构造与制图，其中的工程学色彩抑或部分得益于此时与工程学的初步接触。但由于面对的并

不是建筑学专业的学生，课上几乎没有机会谈创意构思和手绘表达，钟训正只能在课下自己阅读建筑书籍、积累设计知识、练习绘画，以此调节职业与爱好的不平衡。

在湖南大学与武汉大学的教学经历带来的更多的是对美术与工程两套体系的思考。虽然此时大学毕业生个人专攻上的选择多受时代与环境的左右，毕业时与钟训正一同前往湖南大学的同学也随学科调整改变了专业方向，但从钟训正对于绘画的长期坚持以及闲暇时间为工程项目积累经验，仍能看出他对于自身"以绘画攻设计"美院教育背景的流连。钟训正所经历的教学上的被动分配和专业上的主动选择，也反映了1952年全国学科调整前后，中国建筑教育中巴黎美院传统建筑教育与工学院的教学目标和体系相互冲突的时代特征。

初登讲堂，对于每个教师来说都是一段难忘的经历，而对于钟训正来说，教师角色的转变与教学环境的差异带给他更多的是"困惑"，这一路并不平坦的经历也成为他反思自己所适合的教学环境与教学方式的契机。在经历了数月

周折后的 1954 年秋季，钟训正回到南京工学院。在南京工学院从教 60 余年的生涯中，老一辈建筑教育家所拥有的学识和耐心一直是他教学上自我衡量的标准，而善于总结提炼的职业敏锐性，又为他在教学方法上不断创新提供了可能。

钟训正的教学生涯可以分为前期的本科生教学及后期的研究生教学，而贯穿始终的则是工程实践及教学研究。其间虽有"文化大革命"期间南京工学院建筑系教学的搁置，但他在教学一线的工作并没有因此中断。总结这一教学主线可以看出钟训正教学思想上所经历的演变。

本科生教学阶段仍然是钟训正初登讲堂的探索时期，这一时期他更多的是沿用求学期间建筑设计课程以及理论课程中所接受的教学方法，教学内容也多是将先前的知识储备融会贯通传授给学生。但同时，钟训正自己也在积极总结过往教学中的不足，试图对新旧知识进行系统性梳理。"文化大革命"前后，教学的停滞给了他潜心总结、创作的契机，此时他融合教学上的知识片段出版了数本教参和教材，为教学复苏后的长期发展作足了准备。

经历了承袭和总结两个阶段后，钟训正逐渐形成了自己的教学观点，但他始终认为老一辈建筑教育家的教育方法是远超建筑知识本身的。在此后研究生教学中，他发扬师徒制传统，惠泽一代又一代的建筑学子。

设计兼构图

1954 年回到南京工学院至 1978 年"文化大革命"结束，作为讲师的钟训正始终活跃在建筑设计教学一线，是南京工学院民用建筑设计教研组的骨干力量。

1）设计课

对于青年教师的培养。1954 年前后对于留系毕业生，南工建筑系采取的是"先观摩、后指导"的方式。杨廷宝、童寯、刘光华等先生教授建筑设计课程，助教主要任务是辅助完成课程教学，并在此期间熟悉教学任务和教学方法。此时的助教并不具备独立讲课资格，只能在设计课上观摩指导教师的设计指导，利用课程剩余时间为学生解答实际操作中存在的问题。此外，助教还要承担试做、发放任务书、收集课程作业等工作。

巴黎美术学院"师徒相授"教学传统体现了建筑学教育的专业特殊性，即要求教师与学生"一对一"教学。这正是因为建筑设计过程本身带有强烈的个人思辨色彩，所以设计课程的传授更多要求的是教师与学生思维上的互动，一般的讲授模式显然不能适应这种个案教学。助教作为介于教师与学生之间的角色，一方面要注意了解设计教师对学生方案设计的把控，另一方面对于学生又要耐心解释、正确引导。得益于此前在国立南京大学学习的经历，熟知"大平房"时期高、低年级"传帮带"的学习氛围，钟训正作为建筑设计课程助教自然得心应手，虽然助教对设计的建议通常只能作为参考，但他以热心谦和的性格和扎实的手绘功底赢得了学生们的一致认同。

一年的助教经历为钟训正的教学生涯打下了坚实的基础，第二年（1955年）他便开始正式带一年级和四年级的设计课程。此时中国高等教育开始全面学习苏联模式，全国建筑系统一沿用苏联的建筑教学计划。苏联教育强化了巴黎美术学院教学体系，重提了基本功训练的重要性，以精确的细部设计强调设计成果的深度而非设计内容的广度。当时建筑系学生一年级课程分为字体练习、线条练习、西方古典构图、中国古典构图等，与钟训正在校期间相比较，加入了更多"民

族形式"的要素，但侧重利用渲染表现建筑的体量与质感的教学目的并没有改变（图 106～图 109）。

正是初步教学延续的美院传统对建筑设计表现精准、翔实的追求，使钟训正更加坚信了建筑图绘表达的基础性意义，对于学生在设计中的大意

马虎虽不训斥，但都严格要求，有时更是亲自动手帮助学生修改正图。这与他在校学习和担任助教期间杨、童、刘的言传身授密不可分，他们对于初步作业多是在尊重学生原本构思的基础上添加配景。建筑配景的"生动"与否关系表现图的整体表现力。这也

图 106　设计初步"字体"作业选
（东南大学建筑学院档案室提供）

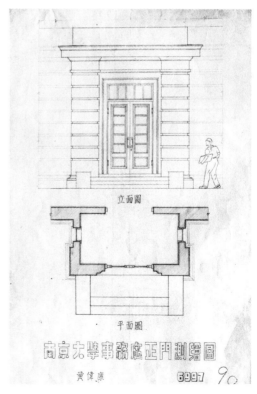

图 107　设计初步"线条（测绘）"作业选
（东南大学建筑学院档案室提供）

图108　设计初步"西古构"作业选
（东南大学建筑学院档案室提供）

图109　设计初步"中古构"作业选
（东南大学建筑学院档案室提供）

正是"学院式"教育传承的直接体现之一。

2）设计理论课

正式任教职同年，钟训正开始讲授"建筑构图原理"。

构图起源于巴黎美术学院，是建筑设计中关于对称、统一、秩序、比例、尺度等形式法则的知识。"建筑构图原理"课程的历史可以追溯至中央大

学时期，1939年的教学大纲中设置了"建筑图案论"，而新中国成立前后的钟训正在校期间，课程改名为"建筑设计原理"。20世纪50年代中期，钟训正接替童寯先生所讲授的建筑构图原理，更多地受到苏联"学院式"教育的影响，"构图"就又被重新提及（图110）。

20世纪50年代依据苏联教学计划，

建筑系课程增加实践部分，分为"教学生产实习"和"专业生产劳动"两类（表1）。苏联教学计划推行前，教师同时也会作为执业建筑师，在课堂上传授实践项目的经验。而1952年公私合营以后，教师职业与工程实践分离，因此以实践课程弥补学生对于实际项目的认识不足。虽然钟训正对学生过早接触工程项目始终持保留意见，但作为青年教师，钟训正仍需带领学生进行生产实习。有了此前在土木院系任教的经验以及工程实践的积累，钟训正对于实践课程中涉及的建筑认识、构造常识、测量等都非常熟悉。

1958年8月，国家建委、卫生部和南京工学院共同确定，由国家建委建筑科学研究院与南工合办公共建筑研究室，杨廷宝担任室主任、童寯任副主任。公共建筑研究室的成立为系内青年教师提供了"研究性实践"的机会。虽然公共建筑研究室的正式人员不多，但常吸收建筑系教师参与工程项目的设计。1964年，建筑系接到南京火车站的设计任务，由杨廷宝先生牵头、钟训正等年轻教师（陈湘、

图 110　西方古典构图稿样（炭笔）（钟训正提供）

实践课程分类表	表 1
教学生产实习	专业生产劳动
测量实习	一般工地劳动
构造认识实习	大型民用建筑工地
建筑认识实习	大型工业建筑工地
水彩画实习	—
生产实习	—
毕业前实习	—

朱敬业等）共同参与，全国性的火车站调研正式开展。这一调研曾与铁道部设计院合作，地点覆盖华东、华中地区，虽然没有像研究室的医院建筑研究项目那样系统性持续下去，并整理成书正式出版，但仍是南京工学院 20 世纪 60 年代初期教学研究的重要里程碑。

2. 继扬——产学研融合的团队化研究生教学

启发后示范

1978 年，钟训正被评为副教授，教学工作也渐渐转向以研究生教学为主。中国研究生教育的建立可以追溯至 1951 年教育部、中国科学院和招收研究生的高等学校代表成立的研究生招收委员会。研究生制度建立的最初目标是培养师资以及科研人才。南京工学院建筑系的研究生教育开始于 1954 年，是全国第二批招收研究生的建筑院系之一。这一年刘敦桢招收建筑史研究生四名（胡思永、邵俊仪、章明、乐卫忠），并参与了中国建筑研究室的科研工作。之后的 1959 年，杨廷宝先生招收了南工 1957 届毕业生杨德安。到 20 世纪 60 年代，虽然我国的研究生培养制度渐趋完善，但因形势所迫，南工建筑系的研究生培养一度中断，直到"文化大革命"以后才恢复。

钟训正作为"文化大革命"后南京工学院建筑系第一批硕士生导师，研究生教育生涯可以分为三个阶段：

1978—1984 年，以刘光华为主导，先后有 2 次组合：1978 年与钟训正、齐康组成 3 人小组；1982 年起与张致中、钟训正、许以诚组成 4 人小组；

1985—1993 年，以钟训正为主导，

与孙钟阳、王文卿建"正阳卿"小组共同指导研究生，1985 年评为教授；

1993 年以后，继续研究生教学，1997 年始作为博士生导师，招收博士研究生，并于 1999 年创建环境与建筑研究中心。

1）刘光华导师组

改革开放初期，建筑系为保证研究生教学质量所采用的合作教学方式，充分发挥了老一辈教师与年轻教师结合的优势，各取所长，大致以杨廷宝、童寯、刘光华为主导。但分组方式和人数并没有太多要求，多是研究方向一致、志趣

刘光华导师组硕士生简况　　　表 2

姓　名	论文指导	论文题目	毕业时间
项秉仁	刘光华 齐　康 钟训正	·赖特——关于他的建筑观念和方法的探讨	1981
仲德崑	齐　康	建筑环境中新老建筑关系处理	1981
黎志涛	刘光华 齐　康 钟训正	大厅内部空间初探	1981
曹兴儒	刘光华 钟训正	底层高密度住宅、群体空间以及应用的探讨	1982
范思正	许以诚	建筑入口形式分析	1984
单　踊	张致中	住宅空间设计的家庭社会学意义研究	1984
黄　平	张致中	城市旧区居民活动的分析与居住环境的改善	1984
丁沃沃	钟训正	夫子庙公共活动中心的改造	1984
陈　欣	许以诚	建筑空间形式探讨	1985
顾大庆	张致中	建筑设计技能及其教育问题研究	1985
王建国	许以诚 张致中	现代博物馆设计研究	1985
徐　雷	张致中	高层居住环境中邻里关系的成因及其改善原则的探讨	1985
邱育章	张致中 钟训正	度假村环境形象设计研究	1986

相投的教师相互组合。钟训正参加的是以刘光华为主导，先后有齐康、钟训正为成员和张致中、许以诚、钟训正为成员的硕士研究生导师小组。钟训正凭借多年的教学经验和谦和的性格，颇受学生的爱戴。

这一小组所招收的第一批研究生也是"文化大革命"后南京工学院建筑系招收的第一批，即通过研究生入学考试从往届学生中选拔；1982年后则是在应届毕业生中招收。选拔过程同今天建筑系研究生考试类似，分为英语、政治、设计理论和快速设计四门课程。自1978年起，钟训正所在的这一研究生导师小组共招收硕士研究生13人，其中往届毕业生4人，1977级毕业生5人，1978级毕业生4人（表2）。

这批研究生按导师组招生进校之初，并没有明确各自的导师，而是共同参与工程项目实践、论文选题，而最终到了论文指导阶段才由特定导师负责，这也与各个导师的实践方向、研究兴趣有关。

此时研究生教育的重点除了理论研究外，学生的大部分在校时间会用来参与工程项目设计全过程，即纵横结合的教育模式。相比理论研究，钟训正更为重视的是培养学生作为建筑师的基本素养。以钟训正二十多年参与国家重点工程项目的经验，本可以直接提出方案分配研究生完成图纸，但他以培养新一代青年建筑师为己任，要求每次讨论会上研究生每人都拿出方案进行讨论，然后他会提出自己的方案并向大家讲解，让每个学生先思考问题、解决问题。

20世纪80年代初，钟训正带领研究生团队赴安徽合肥参加庐阳饭店、无锡太湖饭店的经历至今仍为当年的研究生津津乐道。他对研究生分工合作、工作进度的安排都心中有数，因此他会适

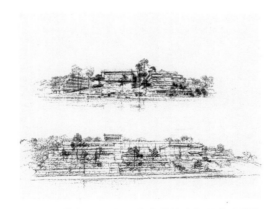

图111　带领1982级研究生设计庐阳饭店时所绘的方案比较草图（铅笔）（钟训正提供）

时引导研究生自主设计，将方案任务分配到个人，促进学生的自主思考，在设计过程中发现、解决问题，并通过讨论拓展解决设计问题的思路。通过多次的讨论和方案示范，也让研究生逐渐认识到建筑师素养养成的过程及其重要性。而钟训正本人凭借多年的工程经验，对工程规模以及设计空间尺度的把握都非常精准。他认为建筑师所能做的不仅仅是排功能、画平面，而是一出手就能让人惊叹的职业魅力。这种注重设计构思、整体布局并与绘图结合的传统在杨、童、刘的时代已得到强调，虽无明确的立字或言传，但在日常设计课交流中则是清晰可见的（图111）。

回忆起庐阳饭店，当年参与方案设计的学生们记忆犹新：

"由于场地是坡地，能用的施工技术也非常有限，对于建筑设计堪称挑战。钟先生让我们分为3个小组，针对不同问题分别做方案，当时大家异常兴奋，似乎真的要盖房子了，数夜加班。大家拿出方案给先生，钟先生每一个小问题都不放过，逐一指出。当大家茫然的时候，钟先生便笑嘻嘻地拿出了他的方案。

虽是草图，但从场地设计到各层平面，整整齐齐一张图都不差，我们的问题他都处理了。几个学生顿时都傻了，别说方案质量，就画图而言，我们可是两个人一组合伙熬出来的啊。事实上，钟先生自己也熬夜做了方案，考虑了方方面面的问题，这才给我们改图。当我们拎起先生的草图准备画正图时，先生认为他的方案依然有几个问题，要我们在他的方案基础上再做3个。后来的情况是，我们每天晚上熬夜出图，第二天钟先生也拿出一套精美准确的草图，共同讨论。从那时起，我明白了什么是建筑设计的质量，方案推敲些啥；什么是建筑设计的基本功，什么是建筑师的责任和锲而不舍的追求。同时，也感受到了建筑设计教师特殊的教学方式：治学严谨并不简单，需身体力行。这就是典型东大人的传统：光说不行，画出来才算。"[1]

钟训正在教学中运用最多的设计草图，其完整与精细程度给所有学生留下了不可磨灭的印象：

"印象最为深刻的一次是项目设计快成图时先生画过的一张整体鸟瞰，这么复杂的地形，变化的建筑形态，错落

的屋面，这怎么可能做到？拿到草图时，唯有一片惊叹！成果需要，还要用通常的方式找效果图公司做一张整体鸟瞰图，按照我们提供的地形和平、立、剖，效果图公司建模、渲染。几天后，效果图的小样出来了，核对一遍，发现有两片交错的屋面屋脊不等高，冒出了一个小三角，电话联系，人家说就是按给的地形、设计的尺寸准确建的模型，就是这样的。那是哪里出了问题？还是我们忽视了什么？几个人一通计算，发现屋脊真不一样高，建的模型没有问题。难道是先生的图错了？赶忙找钟先生的草图来看……！！！冒出的那个"小三角"就在那里，和精确建模的结果一模一样！"神"一般的设计草图！"[2]

另一位学生忆及钟训正教给他的诸多事儿时，也深有体会：

"在中大院三楼正中的那间小屋里，老师在调侃万小梅用计算机求出的透视不准，我们一边偷乐，一边在看老师徒手画的平面图。那不是徒手勾勒的概念图示，不是用于解释'宣言'的图解，而是可用于建造的尺寸精确、结构逻辑清晰、空间组织关系明确的线

图。每根线条肯定且明确，我们反复纠结的场地关系、人、车流组织、使用的合理性、结构与空间的匹配都化解在那张平面图中。

图是用于'指导'建造的，关注平面图，平面图是解读关系和行为组织的工具，是建筑师基本素质的体现，是老师教给我的第二件事。"[3]

2）"正阳卿"小组

1984年后，原合作展开研究生教学的刘光华和许以诚二位先生先后前往美国，钟训正也于同年前往美国进修，这种梯队型的研究生教学自此告一段落。1985年自美国回国后，钟训正继而和孙钟阳、王文卿组成教学小组合带研究生。此时的研究生自入学时就已分配好导师，但教学、实践过程仍是三人共同完成，这也是顺应了研究生招生规模的扩张所带来的教学模式和人员配置的变革。准确地说，这时应该是钟训正独立招收研究生时期的开始，而培养模式仍为团队合作培养，这也是"正阳卿"小组研究教学的起点（表3）。

正阳卿小组合作硕士设计教学的形式实际要早于1984年。1983年的无锡太湖饭店新楼扩建项目即是三人带学生

正阳卿导师组硕士生简况　　表3

姓 名	论文指导	论文题目	毕业时间
王的刚	钟训正	环境的功能思维	1988
汤嘉峰	钟训正	城市中心多功能综合建筑研究	1988
万 军	钟训正	商业行为与商业建筑	1989
王晓东	钟训正	快餐与快餐建筑	1991
许文文	孙钟阳	建筑的主体性观念浅析	1991
戴诗鹏	钟训正	建筑入口形式及意义	1991
韩冬青	孙钟阳	皖南村落环境结构研究	1991
冷嘉伟	钟训正	购物中心及其环境的规划与设计研究	1992
党 培	钟训正	建筑之角的评析及其处理手法	1992
金维俊	钟训正	具有传统文化的步行商业街区环境浅论	1992
周立军	王文卿	自然环境与传统民居的构筑形态初探	1992
马晓东	王文卿	城市商业街区环境及其综合评价浅析	1992
凌华鹏	钟训正	公共建筑的临街环境	1994
张勇华	钟训正	高层办公楼旅馆建筑标准平面体系研究	1994
陈 烨	王文卿	传统文化结构要素与传统民居人文区划	1994
陈小蕾	钟训正	现代游乐园设计	1995
赵 阳	王文卿	传统居民生态结构及区划初探	1995
李 雯	钟训正	高层建筑设计美学初探	1996
王 冰	钟训正	现代公共建筑的室外庭园空间	1996
曹 伟	王文卿	城市地下公共空间设计探析	1996
钱 锋	王文卿	城市商业建筑中庭设计研究	1996
胡 滨	钟训正	现代城市广场设计初探	1997
汪晓敏	钟训正	城市水环境的创造——构成·演进·建设	1997
尹培如	钟训正	公共建筑入口空间设计研究	1997
徐 宁	钟训正	建筑铺地设计初探	1997
教 捷	王文卿	城市沿街休闲空间设计初探	1997
万小梅	王文卿	江南传统名镇建筑环境的评价和探讨——周庄、同里调查	1997

在现场完成初步方案。在小组存续的近10年时间内，团队完成了一系列的设计项目，包括夫子庙贡院西街、杭州胡庆余堂中药保健旅游中心等。团队培养模式采用的是"大工作室"方式，因共同合作工程项目，三位导师将各自的学生集中在一起，共同合作完成设计项目的练习。三人各自有相对分工，也有讨论互动，因此学生之间合作也很融洽。具体工作时，便不再区分特定导师的特定学生，而是由三人共同指导全工作室学生。

有趣的是，钟训正、孙钟阳、王文卿三人在性格和行事风格方面的差异还是较为明显的。三人迥异的风格也使得工作室的工作气氛张弛有度，不论在工程实践，还是论文研究上都能够集思广益、博采众长。

3）环境与建筑研究中心

1999年，钟训正牵头组建环境与建筑研究中心。该中心成员中的单踊、韩冬青、冷嘉伟三位20世纪80年代初期的学生，此时已经成为硕士生导师。中心仍沿用团队合作培养研究生的方法，这也是师承20世纪80年代早期的研究生教学模式。在此之前，钟训正已有意

续表

姓　名	论文指导	论文题目	毕业时间
张　奕	王文卿	城市下沉广场空间设计探析	1997
李　飚	王文卿	智能型建筑设计初探	1997
奚江琳	王文卿	理查德·迈耶建筑研究	1997
贺玮玲	钟训正	绍兴城水空间变迁与发展初探——从环境·行为角度研究	1998
洪　峰	钟训正	空间的生成渗透与过渡	1998
杨亦陵	钟训正	建筑创作的符号方法	1998
汤　桦	王文卿	城市上下部空间协调发展的研究	1998
王志刚	王文卿　曹蔼秋	城市中心区地下空间开发利用的研究	1998
丁　炜	钟训正	建筑屋顶造型研究	1998
黎　楠	钟训正	建筑角部之设计研究	1999
向　上	王文卿	城市建筑综合体设计研究	1999
陈　洁	钟训正	蓝色空间——建筑与水的共生	1999
李劲松	钟训正	坡地地形与建筑设计	2000
周　凌	钟训正	建筑的现代性与地方性——现代建筑地区化研究	2000
吴　红	王文卿　曹蔼秋	城市地下建筑设计研究	2000
王秀文	王文卿　曹蔼秋	城市地下空间规划设计研究	2000
马　进	王文卿	生态建筑的设计	2000
蒋　玮	王文卿	中英传统民居物质形态比较初探	2000
高庆辉	王文卿	新建空间与建成空间的形式互动	2000
薛华培	王文卿	历史街区的保护与整治探析——以扬州市东圈门街区为例	2000
张　慧	钟训正	覆土建筑初探	2001
夏　兵	钟训正	内外之间——建筑设计结合城市环境方法初探	2001
张　彦	王文卿	英国Mercia和中国徽州传统乡土建筑跨文化比较研究	2001

识地培养单、韩、冷等弟子参与自己的工程项目方案讨论。

钟训正与三位导师的合作自2000年开始，2005年后才将中心的工作逐步转交于各导师。这段时期内，环境与建筑研究中心毕业的研究生们都对于钟训正指导工程项目实践的往事记忆犹新。

在日常研究实践过程中，钟训正一方面对于自己牵头承接的项目仍采取联合各位导师与学生共同思考讨论、集思广益的方式推进方案，之后将构思付诸精准的草图提出可行方案。另一方面，钟训正很注重培养各导师独立领导方案设计的能力，对于他们的独立方案并不过多干涉。但在很多时候，各导师的独立项目也会邀请钟训正老师参与方案设计的指导。他总能凭长期的方案设计经验敏锐地提出解决问题的建议。

2002年，单踊带领研究生团队参加了盐城政务中心方案设计投标。地块位于城南新区，北面为自老城区的主要人流来向，但建筑南向也需设置广场作为礼仪性入口，如何在有限的基地内解决南北广场的空间冲突，成为总体布局的第一大难题，于是邀请钟训正先生给予

续表

姓　名	论文指导	论文题目	毕业时间
张敏军	钟训正	城市建筑群体空间设计研究	2002
李　颖	钟训正	我国城市住宅外部空间的演变及发展初探	2002
陈红雨	王文卿 曹蔼秋	南京市新街口中心区城市空间立体综合开发规划研究	2002
史　新	钟训正	传统与创新：以意大利现代建筑师创作实践为例	2003
钱　晶	钟训正	旧建筑再利用的设计方法及相关问题研究	2003
陈洁萍	钟训正	斯蒂文·霍尔建筑思想与作品研究	2003
王　殊	钟训正	由人的行为心理探究建筑外环境设计	2003
吴　敏	钟训正	当代基督教堂建筑神圣性的多元化表现	2003
罗　珎	钟训正	大学校园户外空间研究	2003
马骏华	钟训正	伦佐·皮亚诺建筑设计创作研究	2003
袁　玮	钟训正	SOHO——一种新居住办公模式的探讨	2004
翁翊暄	钟训正	廊的空间设计初探	2004
朱亚萍	钟训正	动静之间——基于居住行为的住区环境设计	2004
潘　华	钟训正	透过窗口看建筑	2005
刘伟波	钟训正	自然光于空间中之诗性表现	2005
夏　宁	钟训正	钟训正建筑作品解析——自然环境中的旅游建筑	2006
王　畅	钟训正	"建筑基地及周边围观环境"中的制约因素与理性的设计分析过程	2007
裴　峻	钟训正	钢构在建筑中的形式研究	2007
杨君华	钟训正	建筑空间序列类型分析及比较	2007
孙霄奕	钟训正	消费时代的商业步行街区设计——以无锡崇安寺商业街区为例	2007
朱昊昊	钟训正	路易斯·康 与萨尔克生物研究所	2007
杨　云	钟训正	钟训正城市建筑解析	2007
张　柯	钟训正	现代小商品市场的设计和发展	2007
杨　柳	钟训正	建筑设计中遮阳设施的选用原则	2007

指导。他当即表示应充分释放中轴位置的空间用于广场，而尽量将较大的功能形体压缩至中轴线两侧，形成"蜂腰式"的建筑总体形体，这不失为一种解决基地中轴空间紧张难题的思路。最终方案成型并中标实施，正是得益于他这次简短的参会讨论和给予的指导。2005年，钟训正与韩冬青共同主持洪泽县文化艺术中心项目，为建筑单体提出了若干造型设计方案，并亲自完成草图设计。项目组在其方案的基础上完成了最终的施工图，其实施效果得到地方政府和市民的一致好评（图112）。

在此一时期，钟训正于1997年起招收的博士研究生也先后完成了学位课程的学习，并顺利完成学位论文的撰写与答辩（表4）。

实践验真知

钟训正博士研究生简况　表4

姓　名	论文指导	论文题目	毕业时间
李晓敏	钟训正	绿色景观与建筑环境——现代建筑环境设计思想发展例证	2002
马　进	钟训正	工业化时代的建构研究	2005
杨　靖	钟训正	与城市互动的住区规划设计理论探讨	2005
傅　筱	钟训正	当代我国建筑师的技术选择观研究	2006
高庆辉	钟训正	结构的关联——中国城市新区与大型公共设施形态研究	2006
严广超	钟训正	高层建筑与城市空间关联研究	2007
周　凌	钟训正	建筑形式中几何观念的演变及其专题研究	2008
李　飚	钟训正	基于复杂系统的计算机生成建筑设计法研究	2008
陈洁萍	钟训正	扩展领域的地形学研究——当代建筑、城市、景观设计中的新议题	2008
戴叶子	钟训正	购物中心形态相关问题研究——以深圳特区为例	2010
夏　兵	钟训正	当代高铁综合客运枢纽地段整合设计研究	2011
王　正	钟训正	18世纪以来西方建筑学中功能观念的演变	2011
马骏华	钟训正	城市遗产的公共空间化	2012
袁　玮	钟训正	基于城市可持续发展环境下的大学科技园研究——以南京地区大学科技园区规划建设为例	2015

图112　洪泽县文化中心造型方案比较（钟训正提供）

钟训正自1978年招收第一批硕士研究生起，共主导或参与培养了硕士研究生42名，博士研究生16名。他的学生毕业后分布在全国各地的高校建筑院系或各大设计院，多数都曾担任过学院或设计院领导、教授、总建筑师等职务。

1986年起，钟训正连续三年安排他名下的本校应届毕业生（冷嘉伟、党培、王晓东等）前往设计院实习2年后再入学，这在教育部属首创。2000年，他又要求3位博士（高庆辉、傅筱、马进）入东南大学建筑设计院边工作边上学。

1）研究选题

由于建筑学科的综合性与开放性，建筑学研究生论文题目涉及历史、文化、经济等诸多领域，这也使得论文选题成为研究生教育的重点之一。对于选题，钟训正始终坚持以回应社会需求为基本准则。热爱设计的他偏爱设计类选题，但从不限制学生的思路。在选题之初，大家集思广益，可以依据自身的兴趣爱好广泛选题，但最终交予钟训正审阅时，他会修正大多数天马行空的想法，并给出合理的建议。1981年，钟训正建议研究生丁沃沃以南京夫子庙地区为研究对象作硕士学位论文。对于当时的学生来说，信息相对封闭，而夫子庙地区尚未改造，在南京学习多年的她甚至不知道夫子庙在哪里。对于这一全新的课题，需要运用调研的新手段。钟训正一方面耐心地给予指导意见，提出详细的工作计划，另一方面建议学生利用图书资源，将大量的外文资源和信息介绍给学生。钟训正基于早年对于外文资料的积累给予的指导，对于改革开放后逐步接触国际思潮的新一代研究生至关重要。

20世纪80年代初，受到改革开放带来的外来思潮影响，这一时期许多研究生论文以研究国外建筑名家的作品为选题。出于对钟训正在建筑创作领域独特贡献的初步认识，1988级研究生韩冬青想到应该将钟训正的创作思想和手法加以分析研究。这对当时中国建筑界来说是种新的尝试，但钟训正断然否定这一提议。在他看来，自己所做的只是一名普通建筑师的分内之事。于是，对钟训正设计作品的梳理成为韩冬青的夙愿，直至十多年之后韩冬青作为硕士生导师协助钟训正指导了《钟训正建筑作

品解析——自然环境中的旅游建筑》（夏宁，2006）、《钟训正城市建筑分析》（杨云，2007）两篇论文。实际上，除了这两篇论文，当时也没有其他论著对钟训正的学术成果进行总结，即便是他自己的著作也多是以参考书或画选的形式供广大读者参考，而没有系统性的介绍和分析。直到2000年《脚印——建筑创作与表现》出版，钟训正的建筑创作才得以被综合介绍。

2010年，钟训正结束了硕士研究生教育，他指导的最后一篇硕士学位论文《人居空间形态初探——对汶川地震灾后居住空间规划设计的思考》（杨海粟，2010），研究了汶川地震灾后重建问题，体现了钟训正一贯的关注国计民生、求真务实的教学思想。

2）论文指导

论文指导过程中，作为资深建筑师的钟训正最为关注建筑设计中需要面对的现实问题，而他藏而不露的敏锐洞察与理论功底同样常常令研究生折服。他反对故作玄虚地讨论理论问题，而强调探索理论背后的逻辑事实。

对于刚接触国外新鲜理论的学生来

说，援引外来理论、术语似乎是一种流行。某位学生以建筑形式语言的组合形态为题，广泛引用了柯林·罗等的空间理论，但忽视了建筑与人的关系。钟训正审阅他的论文之后批注"至此，我都不知道楼梯为何物"（论文中大量以"垂直构件"指代楼梯，主观上将"垂直构件"的概念缩小，而将"楼梯"的定义抽象化）。这在钟训正看来，是混淆了人在真实空间中的感受和工作模型的空间感受，离间了人与空间的关系。从营建真实项目的建筑师的观点出发，钟训正谙熟新兴的现代建筑概念，但却不主张将其与人的真实需要剥离，这才是他心目中真正的建筑设计理论研究。

钟训正常以敏锐的洞察力和诙谐的话语强调他对理论研究的观点，这也常常更容易为研究生所接受。另一位学生的论文以"建筑符号学"为主题，并以钟训正设计南京丁山宾馆的过程为例。钟训正曾在两三天的时间内设计了十几种丁山宾馆的入口方案，并配以手绘效果图以及平面、立面、剖面（图113）。该生认为这显示了

3. 文档

建筑设计中类型学、符号学的重要意义。他追溯至数千年前古希腊、古罗马的建筑，总结其中关于符号学的概念。答辩前，钟训正早已认真审阅了论文，与其他评委考究符号学的含义与范畴。钟训正问道："我们当代建筑设计要以符号学为指导吗？"这个问题对于以理论来分析设计而不立足设计本身的研究生来说无疑很尖锐，但钟训正随即补充道："这个问题可答可不答"。由此可以看出，理论与实践问题一直是钟训正设计与研究关注的重点。而在 20 世纪 80 年代初期建筑理论蓬勃发展的热潮中，他用一种含蓄的方式不断地提醒研究生和建筑学者保持清晰的思维、清醒的头脑去看待理论研究的出发点和方式。

自 1952 年秋毕业分配至湖南大学、随后调至武汉大学、2 年后调回母校任教直至退休，钟训正从助教、讲师到教授、博导、院士，在建筑教学一线辛勤耕耘了七十余年。他在各门课程教学全程中，做过大量的教案计划、课前准备、课堂讲授和指导工作，在任建筑设计教研组长期间，还对各年级的建筑设计做出过通盘的教学计划安排。

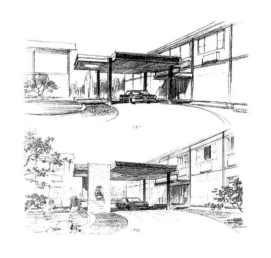

图 113　南京丁山宾馆贵宾楼入口造型方案比较（钟训正提供）

课程文案

在钟训正留下的各种精心制作的课程文案中，首先是他 1962 年任建筑系民用教研组长时所做的全系建筑设计课程的教学大纲，包括每个年级各学期课程设计作业的时间安排、内容要求等（图 114）。

其次，是钟训正自己所任的一年级"建筑制图"备课笔记（图 115）和三年级"纪念碑设计"课程设计任务书，其中包括简明的文字表述和工整的板书图示（图 116）。

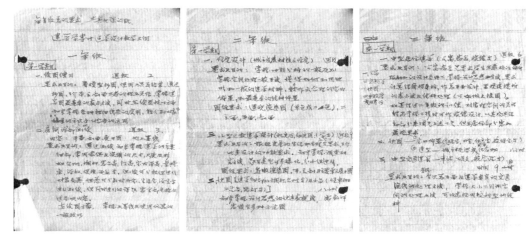

图 114 一年级、二年级、三年级设计初步教学大纲

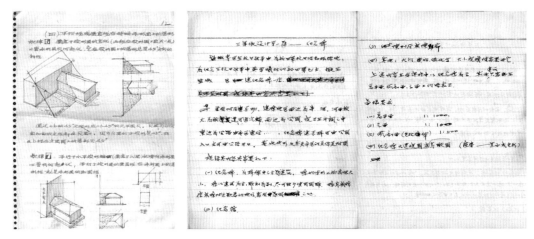

图 115 建筑制图备课笔记　　图 116 三年级建筑设计课题任务书

教学示范

在为建筑设计初步所做的教学示范图中，钟训正以铅笔渲染的方式精准、细腻地表现了经典西方古典建筑构件的精美形象和光影变化（图117～图119）。

在为建筑表现课程所做的建筑与环境配景示范图中，钟训正以钢笔的方式对建筑物的质感和环境氛围做了多种可行性示范（图120～图124）。

为建筑快题设计所做的示范图中，

有钟训正结合他参与的无锡建筑工作者之家设计竞赛实例，也有以法国某住宅为例的整体表现等（图125～图127）。

图117　西方古典花饰（铅笔）

图118　西方古典柱式（铅笔）

图119　西方古典饰瓶（铅笔）

图 120　建筑配景之一（钢笔）

图 121　建筑配景之二（钢笔）

图 122　建筑配景之三（钢笔）

图 123　建筑配景之四（钢笔）

图 124　建筑配景之五（钢笔）

图 125　建筑质感表现（钢笔）

图 126　建筑快图之一（铅笔）　　　　图 127　建筑快图之二（炭笔）

方案改图

方案改图案例所选的，是针对 1954
级学生的二年级建筑设计课程一对一的
方案优化与表达（图 128）。

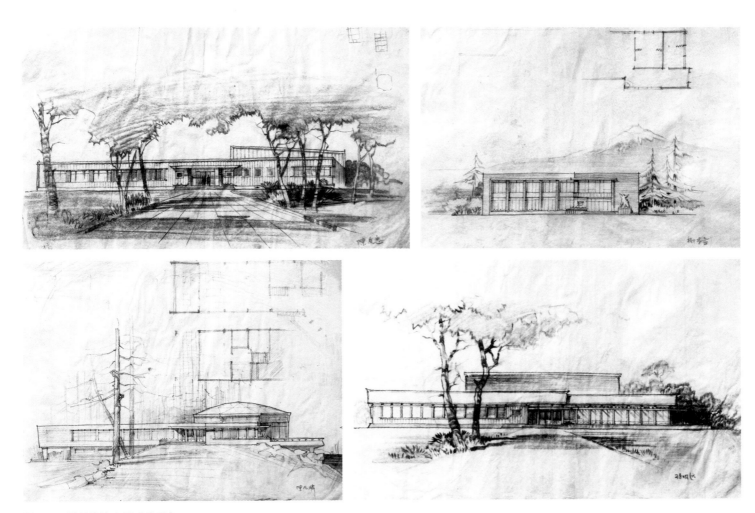

图 128　课程设计改图（炭笔）

教参教材

钟训正参与过多本建筑教材编写。其中最具影响力的是《建筑制图》和《建筑画环境表现与技法》，均为被国内多个建筑院校采用多年的经典教材（图 129～图 132）。

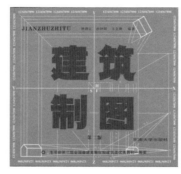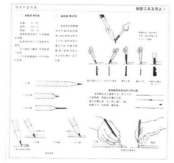

图 129　《建筑制图》封面及内页选之一

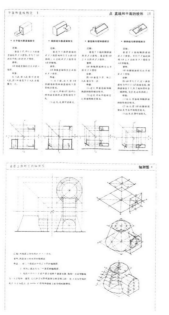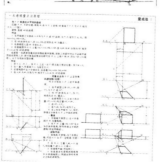

图 130　《建筑制图》内页选之二

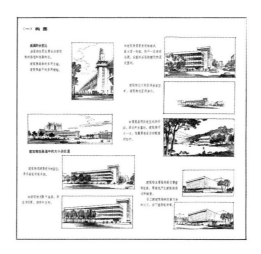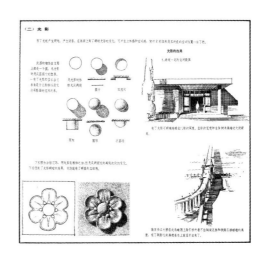

图 131 《建筑画环境表现与技法》封面及内页选之一

图 132 《建筑画环境表现与技法》内页选之二

注释:

① 丁沃沃《做人与治学》（附录四）。

② 王畅《钟先生的草图》（附录四）。

③ 胡滨《7个瞬间》（附录四）。

第十章

设计

作为中国特色现代建筑的积极探索者和引领者之一，钟训正一贯认为，建筑设计实践是建筑学的基本核心，而设计实践的思想和方法则取决于创作者对待人、环境和历史所秉持的态度。"顺其自然 不落窠臼"，就是他及正阳卿小组一贯秉持的建筑创作理念。

1. 环境——顺其自然

1991 年 3 月，钟训正执笔，在《建筑学报》上提出了"正阳卿"小组鲜明的建筑设计主张："顺其自然，不落窠臼"，并对其进行了直白的阐述。他在该文中坦言：

"我们没有什么惊人的超前意识，也不奢谈什么'主义'。我们的设计思想仍立足于中国大地，立足于现实及约略领先的可行性。我们要学习国外的先进经验和理论，消化后为我所用。我们决不盲目搬用，决不为其所迷、所缚、所俘。我们尽可能充分利用国内现有的物质技术条件，尽力赋予建筑新的形态和内涵。我们不搞矫揉造作，力争求实和表里如一。我们尊重传统，但不迷信传统，尽量不去仿古复古。我们要以现代化的手段和创新意识去弘扬传统文化。前人的设计手法和经验固然值得珍重，但我们宁愿艰辛地去摸索新路。我们不想遵循成规，'反其道而行之'是我们的尝试方向。'反'中自有新天地，自有'不落窠臼'的依据。但我们仍立足于技术的可行性和合理性，一定的经济性和功能上的适用性。我们一贯探求建筑的和谐、完整和统一的美，为此，

我们还要不断努力去提高我们的素养。我们除寻求建筑本身的和谐统一，也力求其与环境事物的和谐统一，尽量使建筑与环境相得益彰。我们所能采用的物质技术条件是有限的，但环境所提供的素材和信息却极其丰富，由环境所衍生的建筑是有机的和富有生命力的，我们不奢望支配大自然，而是首先去顺应它，进而使大自然为我们所用。"①

这既是钟训正对"正阳卿"小组此前一个时期建筑创作的总结，也是他和他的同行者此后建筑设计实践的基本思想依循。

尊重场地的自然形态、充分利用景观资源、新老建筑互补，是以为"顺"，即顺应场地的自然环境（山地、景观、日照、植被等）、顺应场地的人工环境（保留建筑、交通条件、市政设施等）。"反"就是要摆脱背离社会发展健康方向的传统禁锢，从观念方法到技术策略均能体现时代进步的特征，如支持人的行为活动的空间组合、适宜的建筑尺度、与时代条件相适应的建筑技术等。在这里，"顺其自然"与"不落窠臼"，二者有其本源内涵上的辩证性和统一性。

第一，钟训正及"正阳卿"小组的建筑创作设计思想立足于中国大地，立足于现实及"约略领先"的可行性；根据具体的创作环境，因地制宜，发掘利用地域本土现有的物质技术条件，在技术可行性和合理性的基础上，尽力赋予建筑新的形态和内涵，力争求实求善和表里如一，达到代价上的经济性和功能上的适用性。第二，既要学习国际先进建筑理论和实践经验，又不能囿于理论的抽象，更不能盲目搬用、套用，而是将理论与实践充分有机地结合，在实践中验证并完善理论。第三，建筑创作要尊重传统，但不迷信传统、墨守成规。钟训正及"正阳卿"小组本着建筑融入自然环境、顺应城市肌理的原则，探索中国文化语境下的现代建筑形式，以创新意识和现代手法弘扬传统文化，营造以人为本，舒适宜人、本土意境的空间环境，追求和谐、完整和统一的建筑秩序之美。

钟训正及"正阳卿"小组设计创作的基本出发点在于环境，继而是人与环境的关系，认为由环境所衍生的建筑是有机的和富有生命力的，创作首先要顺

自然景观

应环境，进而才能使环境为人所用。这里的环境有两个层面的含义：狭义的环境是指建筑外部环境，即场地中既有的物质属性或以建筑构筑空间的方式界定而形成的特定环境；广义的环境包括建筑设计活动的历史环境、社会环境、文化环境、技术环境等。这里基于具体的物质空间环境概念，将钟训正及"正阳卿"小组的创作实践，按照建筑所处地理位置，大致分为自然景观环境与现代城市环境两大类。

"正阳卿"小组时期是钟训正建筑创作的高峰时期，逐步形成了一系列应对自然环境中建筑设计的经典方法，其中又以改革开放后一系列的旅游宾馆设计最具代表性。如合肥稻香楼庐阳饭店、无锡太湖饭店新楼、海南三亚金陵度假村、无锡同里湖度假村等。这些作品具有时间的连续性和功能上的类似性，又都地处自然景观环境之中。透过这些作品，可以直观领略钟训正的创作思想。

1）契合地形　相得益彰

庐阳饭店、太湖饭店新楼、金陵度假村三个作品都是地处山坡地形。在设计方法上，首先使建筑依附于地形，避免为达到某种形式而过多地开挖土方；其次是使建筑与地形互动共生，避免生硬的天际线与原有山形冲突。设计基于这种布局原则，并结合具体场地条件转化成不同的形态布局。新建筑因山就势，以山为基座，建筑仿佛是山体的延续和升腾，起到强化地形的作用，在周围环境空间关系上也起到以形补势作用。其次对于地形等高线的利用，以单栋建筑而言，建筑长轴如果平行于等高线布置，则工程土方量较小，道路规划、室内外

交通组织都较为简便，也易于适应环境。建筑形体沿垂直于等高线的方向逐层后退，有利于通风采光，也可增加更多的屋顶平台作为活动空间。平行、垂直等高线相结合的方法，是钟训正作品中常用的手法。同时在体块组合上加入门厅、连廊等水平交通以及楼电梯这样的垂直交通（塔楼），成为一种类型化的组合模式。

2）妙用资源　入境得景

金陵度假村、太湖饭店新楼的项目场地均临湖或滨海，钟训正在设计中尽其所能将景观引入建筑各主要使用空间，保证每间客房都能拥有最佳景观朝向，是他在景区建筑创作过程中力求达到的目标。太湖饭店"新楼所有的客房和公共活动用房均面对敞景，除了于观赏不利的西北角安置服务性用房外，其他方向景色俱佳，尤以西到东南的景色最佳，大太湖与里太湖的风光可尽收眼底，主要的公共活动用房，如餐厅、咖啡厅、会议、休息厅等，皆居观赏此等景色的有利地位。其中大小餐厅及休息厅更可见到落日余辉下归帆点点，波光粼粼的浩瀚水面，远近陆上景色皆处于神

秘的朦胧之中，别具诗情画意。所有客房的观景均无任何遮挡，客房本身又具有私密性，不受任何外来视线的干扰。"[2]（本章以下楷体字引文部分，如未单独注明，其出处均同此）设计者善于结合建筑形体的走向，选择和布置多种类型的客房，公共空间与客房景观朝向并重。在客房布局上，当体块长轴平行于景观界面时，采用矩形客房，以最大的开窗获取最大的视线；当体块长轴垂直于景观界面时，则巧借45°开窗法来获得自然景观（图133、图134）。

3）源于传统　推陈出新

钟训正在建筑创作中善于借鉴并转化传统民居的意象，结合各自所处的传统地域风格，逐步演化成不同的现代地域建筑的新形式。太湖饭店表现出对江南民居精巧体量、屋面造型和立面格构的转化；金陵度假村的客房单元表现出对曲面屋顶的呼应；庐阳饭店运用马头墙的抽象回应徽州民居的特点；苏州同里湖度假村则采用多种双坡屋顶组合展现江南民居的意象。钟训正在记述无锡太湖饭店创作时写到：

"新楼体量虽已化整为零，但仍大于一般的民间传统建筑，因此在体量化小的同时，外墙装饰采用了立贴式的手法，以显示明确而亲切的尺度感。立贴式原出于木框架，但在此处却与钢筋混凝土框架吻合，而所有的悬挑又是木框架所不能及的，因而体现了现代的材料和技术。色彩上采用江南惯用的白粉墙、栗壳色梁柱框架、灰瓦等，以求取得明快和质朴典雅的效果。"

钟训正的立面做法常常会令人联想到民居及园林建筑的抽象和演化，其形式构成逻辑取自"柱梁—构架—门窗"的等级模式。单元化体块的处理化解了庞大的建筑规模可能造成的环境尺度冲突，立面的细致划分则进一步使建筑的尺度感融入山水环境，并拉近与使用者的距离。对传统建筑悬山、硬山、歇山、四坡屋顶的综合借鉴和相宜转化，使建筑同时获得地域特色和历史传承的适宜担当。

图133　海南金陵度假村外观（袁玮提供）

　　"正阳卿"小组认为建筑创作必须顺应自然景观环境："作为景区建筑物，它与周围的环境、自然风貌，以及与原有建筑和各种设施在形象、格调与功能、交通等方面都应有密切的联系。……建筑物除了要满足观景要求，它本身亦应成为一景，为人们所观赏，为景区增色。在坡地上因地制宜，巧妙地结合地形地貌的建筑物，在风貌上也可别具一格，本身形象的表现也更为'三维化'，内部空间的起落穿插也更饶有情趣。"

图134　无锡太湖饭店新楼外观（袁玮提供）

城市建筑

在城市建筑的设计创作中，钟训正以另一种语言诠释"顺其自然"的思想意涵。钟训正设计思想中的"自然"不仅仅是指物质形态的自然景观，更是一种与物质世界和社会环境的相处之道。"顺其自然"就是按照万物运行的道理，结合现实的条件展开主动的设计选择和创造。"顺"就是因时制宜，因地制宜，从现实出发，顺势而为，相宜行事，而不是罔顾环境、文化和物质条件的约束而肆意妄为。这不仅适用于自然环境中的创作，也同样适用于城市环境中的设计与营造，它就是要使建筑与城市的历史和环境相得益彰，并赋予其宜人的场所感。

20世纪80年代到90年代，城市公共建筑的建设渐入高潮。钟训正的城市建筑设计实践也随之步入一个高产阶段，他的设计兴趣主要投放于与城市日常生活密切相关的公共性民用建筑类型，如南京科学会堂、南京建管所业务楼（图135）、南京山西路广场金山大厦等，这些项目难说是所谓"标志性工程"，但却具有面广量大的一般性城市公共建筑的普遍属性。在中国改革开放的初期，有限的经济条件和物质技术是这个时期城市建筑创作所面临的普遍性约束。钟训正所言的"立足于现实及约略领先的可行性"道出了他在这个时代"顺其自然"的现实且积极的态度和策略。在其城市建筑设计作品的多样化表现下，依然可以寻觅到他一贯的设计态度和内在特性。

1）整体至上 格局为先

钟训正的城市建筑设计，首要的是处理建筑单体与城市环境的格局关系，尤其是建筑的体量尺度问题和公共空间的整体性问题。南京科学会堂选址南京民国考试院（现为南京市委市政府）的南侧。该工程设计过程一波三折。在钟训正介入该项目之前，原有的设计方案一直无法解决高大建筑体量与场地北侧的低层历史建筑群的冲突。杨廷宝先生在方案评审中曾坚决地予以否定，以至方案设计易人再做。钟训正提出以现代

图135 南京建管所沿街鸟瞰图（钟训正提供）

低层建筑面对古建筑群，而令多层办公体量退后到远离历史建筑的一侧，并以非对称的现代建筑的体量组合回应历史建筑的轴线，从而避免新建建筑对历史环境的干扰，并使不同时期的建筑在城市的同一空间区域达成一种彼此的相宜之境。与此相类似，南京建管所业务楼的建筑高度与体量处理亦循此法。该项设计同时通过小型广场的设置，完成城市空间到建筑室内空间的自然过渡。利用建筑室外空间环境形成建筑与城市空间的自然过渡，塑造层次分明的建筑空间是钟训正城市建筑的另一种有效设计策略（图136）。

2）虚实相生　体宜得当

庭院是中国传统建筑空间体系中的重要元素，其与建筑室内空间构成虚实互动的一体。钟训正在城市建筑设计中充分运用虚实相生的设计理念，以"实"组织功能性空间的布局，以"虚"构造场所景观，形成具有地域文化氛围的空间体系。南京科学会堂外在的体量组合与内在的庭院空间设置，展现了江南传统庭院建筑与现代建筑的互见和融合（图137、图138），以庭院为核心，

周围布置一系列与庭院景观密切互动的室内功能单元，使紧凑密集的使用空间因庭院而获得舒展宜人的场所品质。这种虚实互动的组织策略是钟训正城市建筑创作中平衡街道景观与建筑内部空间品质两者关系的一种重要策略。在城郊接合部，场地环境有了伸展的可能性，这种平衡之道便转换为一种更加向外开放的姿态。敦煌研究院与甘肃画院的基地位于城市与风景区的过渡地带，钟训正使建筑以发散的布局方式与环境相融合，在体块和空间的组合上，以入口大厅和垂直交通枢纽为中心展开布局。在这个格局的驾驭下，层层的露台不仅是室内空间的延伸，也是建筑与周边景观相互融合的和谐之法。各种各样的"退台"是钟训正建筑形体设计的常用手法，表面看，这似乎是一种风格标识，实质是他不喜欢建筑孤芳自赏，而转向与相邻环境柔软过渡的一种惯常态度。

在城市建筑的创作实践中，钟训正本着建筑融入环境的原则，坚持建筑为人服务的宗旨，探索一种中国现实条件下的现代建筑形式。中国的现代建筑是钟训正的基本创作态度。他对现代建筑

图136　南京科学会堂总平面及其环境（韩冬青提供）

的积极态度使他摆脱了传统形式的束缚，避免了狭隘的"地方主义"；同时，他并不追随全球通用的"国际式"风格，而是从事物及其规律的本源出发，展开创造性的实践。

2. 承创——不落窠臼

建筑横跨自然科学和社会科学，是艺术与技术的融合，是社会环境、文化传统、功能需求、技术手段等影响因素交叉作用下的综合性产物。钟训正在建筑设计教学和创作实践中经常提出告诫：建筑师不可能绝对主观地、随心所欲地进行创作，又要避免因被动应付、因循守旧而落入固有的窠臼。建筑师的创作思想既受到不同时空范围中社会、文化、审美的作用，其创作成果又有可能构成文化演进和技术发展的推动力量。

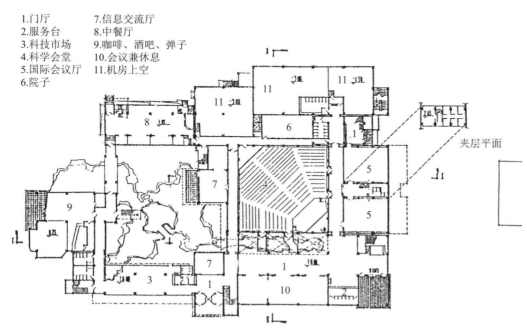

图 137　南京科学会堂街景外观（袁玮提供）

1.门厅　　　　7.信息交流厅
2.服务台　　　8.中餐厅
3.科技市场　　9.咖啡、酒吧、弹子
4.科学会堂　　10.会议兼休息
5.国际会议厅　11.机房上空
6.院子

图 138　南京科学会堂底层平面（钟训正提供）

借鉴与化用

1）对待国际建筑思潮的理性态度

国际建筑思想及流派的产生有其自身的发展背景及其所针对的时代问题，也必然要经受所处社会和时代的考验。从"正阳卿小组"的建筑作品中既可以看到对国际现代主义建筑思想的借鉴，同时也可以看到其基于中国国情的各种灵活的化用之策。经历了几十年的封闭和禁锢，20世纪80年代后，各种成形于不同时空背景的外国建筑思潮涌入中国。这些不同的思想和主张一时间泥沙俱下，中国建筑界几乎是在没有准备的状态下同时面对。姿态上的被动，再加时间上的浓缩，在建筑学界和行业实践中，形成了引介、学习、借鉴的热潮，同时也开始出现一种盲目崇拜的非理性表现。在建筑创作上表现出不同程度的夸张形式和追奇逐异。经过现实的观察和审慎的思考，钟训正开始告诫人们：即使在西方世界，虽然理论上"主义"之多不胜枚举，非理性主义的呼声甚嚣尘上，但那些密集见诸期刊杂志的奇观式建筑作品只是一种虚幻的形式，现实生活中实属罕见。他访美归国后说到，在建筑事务所里，

常有人玩后现代符号之类的游戏，但一般并不承认自己是后现代主义拥护者。异军突起的解构主义作品在一般的设计事务所里更是见所未见。

钟训正不喜欢空谈理论，但他肯定具体背景下的理论的作用和意义。建筑理论的活跃促进了建筑创作的繁荣，引进西方建筑理论，可以引发建筑师对于多种建筑理论的深入思考，并在自己的建筑实践中有意识地引入，塑造更有影响力的建筑空间；或是在理论的影响下反思既有的城市建筑，以期产生更好的新作品。这说明了建筑理论研究的重要性。同时要看到，理论并不能直接变成创作成果，其中需要建筑师的理解与运用。而每一种建筑理论的成因、环境各不相同，并非放之四海而皆准，因此，对于建筑理论也必须结合实际，任何理论都要在中国现实国情下审慎地运用。建筑理论并不是一成不变的，它随着人类文明的进步而进步，在各个时期都有着不同的含义；甚至有些晦涩难明的建筑理论，一千个人就有一千种理解，谁也无法用片言只语完整地解释清楚。有些建筑理论需要实践、时间来证明其价

值与意义。因此，建筑理论对于建筑实践的作用，既有促进又有约束，两者辩证互动。

钟训正认为，建筑的一个特性就是其长期的客观存在性，大量相对持久的建筑单体组合形成了城市建筑的群体。建筑具有很强的时代性，它追随社会、经济、科技的演变而产生。一个时代的建筑必然有某些整体上的共同之处，也就造成城市中各个时代建筑的共存共处。抛开经济、社会、技术因素，单纯追求形式既不现实，也不合理。建筑创作是一种群体创作，要与已经存在于城市中的建筑发生对话，必然受到已有城市建筑的影响。不尊重现实、过分彰显自我、挑战大众审美的建筑设计作品是很难受到欢迎的。一座建筑的实现需要巨大的资金支持，它往往要达到使用的种种要求，实现建筑的最大价值。而建筑的最基本价值就是其实用性，要考虑功能的合理性、使用者的心理感受等。当然，建筑设计还要受到城市规划、法律法规、技术规范的约束。建筑师的创作不能仅仅是自我创作理念的表达，还要积极地接纳各种限制。有限制的设计

恰恰给了建筑设计多方权衡、创新思维、解决问题的挑战和机遇，而这可能正是建筑设计的魅力与精髓所在。

2）对国际新技术的化用

"世界是不安分的，什么都在变。"在20世纪60年代初，钟训正在建筑实践过程中，意识到建筑设计受到现实、经济、技术等条件的制约。他指出："建筑是一种实体性的物质形式，建筑的属性是物质属性、人的自然属性、社会属性和具体的环境属性的统一体，建筑是艺术与自然科学和社会科学的综合性产物，受极其复杂的客观条件的制约。建筑师不能主观地随心所欲地进行创作。"③材料与构造是设计构想得以实现的重要条件，是建筑物质体系的必要组成部分。材料与构造的设计也蕴含巨大的创造性。为了系统且务实地了解国际先进的材料构造技术，钟训正采用"抄绘"的方法，在六年余的时间中完成了八百余幅构造详图，参考资料主要为国外建筑著作与杂志，这一过程使钟训正对各种现代的建筑材料和构造技术及其设计要旨有了深入的体认和掌握。尽管在他创作的高峰时期，建筑的材料并不算丰富，结构材基本以钢筋混凝土为主，外墙饰面以涂料和面砖为主，但仍然可以从他的诸多作品中，看到他对建筑细部在材料特性和尺度把握等方面的精细处理。技术特征是建筑的时代性的重要体现。钟训正善于用现代手法诠释中国传统建筑的意蕴。这种现代手法不仅表达在建筑的空间设计和体量造型上，也体现于建筑结构和构造的技术层面。如海南三亚金陵度假村的创作中，建筑主入口处的大雨棚为十字脊坡顶，其造型源自中国传统建筑，但又吻合现代技术理性，架空正脊的结构用钢筋混凝土门式构架（图139）。主入口上部的建筑主体形式取曲面大屋顶之神韵，占有两层高度，连续浇筑的钢筋混凝土曲面结构，在室内大堂空间中一直向上延伸到顶部的条形天窗，从而形成一个向上升腾的共享空间。大曲面屋顶的架空正脊，赋予建筑以轻盈通透的南方气质。庭院中的海景大餐厅自成一体，屋盖为正方四坡顶，顶部平削，并以架空的井字形屋脊构成建筑的顶部轮廓。近屋脊处屋面微曲，形成刚柔并济的屋面轮廓。屋顶平削部分设置九宫格采光天窗，使就餐环境可得海阔天高之意境。在屋面材料的选择上，为减轻荷载和节约造价，放弃特制的带楞瓦片，转而使用普通的平板釉面砖。为避免大块屋面的单调感，采用平铺与直楞交替铺设的

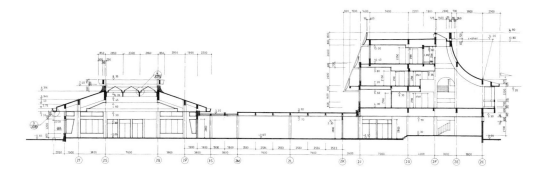

图139　海南三亚金陵度假村主楼剖面（东南大学建筑设计研究院提供）

办法，既节约造价，又有细腻的质感趣味。再如，在南京建管所业务楼设计中，通过几何形态的调度和窗套构造的设计为建筑赢得良好的朝向和遮阳。大面的混凝土抹灰和局部的白色涂料，既强化了建筑的体积感，又有宜人的细部调节（图140）。

钟训正的建筑创作思维中，技术是为设计目标服务的，环境、空间、功能、技术构成一种融合一体的状态。他的建筑设计体现出对材料的善用，诚实、清晰而雅致的细部构造契合于特定的建筑语境，紧密回应场地的特质和使用的方式，从而达到建造的诗意。

图140　南京建管所业务楼外观（钟训正提供）

继承与创新

建筑具有鲜明的文化属性，它既是物质的，也是精神的。关于建筑文化的传承与创新，建筑领域历来争鸣不断。钟训正在这一议题上有着自己鲜明的主张："我们尊重传统，但不迷信传统，尽量不去仿古复古。我们要以现代化的手段和创新意识去弘扬传统文化。"④ 在他看来，继承与创新，或说传统与现代化，不应固守某种执念，而是要秉持辩证统一的姿态，这种辩证统一表现在三个基本方面，即情理上的传承性、思想上的批判性与方法上的灵活性。

1）尊重而不迷信

尊重传统而不迷信传统，这一基本态度不仅出自对建筑文化传统的敬意和情感，也是科学精神的体现。在南京夫子庙东西市工程设计和杭州胡庆余堂药研旅游中心参赛方案中，可以看到钟训正对江南地方建筑传统的整体形态特征的深刻把握，和对建筑形式细部的娴熟驾驭。但他极少在面广量大的建筑类型中直接复制这些传统做法。他曾率直地批评"夺回古都风貌"的运动。他明确地反对罔顾环境和时代条件的仿古复古，而是提倡以创新意识和现代手段去弘扬传统文化。

　　在如何尊重传统建筑文化的问题上，钟训正提出：要重视建筑遗产的保护、修缮和积极利用；在群体格局十分完整的区域进行增建或扩建时，必须特别慎重对待既有环境，避免画蛇添足，破坏整体的美；要特别关注新建建筑与既有建筑的整体关系。在无锡太湖饭店新楼的工程创作中，不仅善意地留下了老楼——新楼特意依坡而建，以避免与坡顶老楼的可能冲突，而且在新楼的功能局部中，把宾馆的餐饮娱乐等公共设施布置在建筑的顶部，以补充老楼公共服务设施的不足。在江苏省旅游局办公楼工程设计中，同样可以看到对相临南京饭店老楼（民国时期原国际联欢社，杨廷宝设计）的敬意（图 141）。

　　尊重并不是迷信。不应不加甄别地全盘照抄，如不稳定的老式木结构、大空间中的多支点穿斗排架、重叠繁琐的斗栱等，这些历史上曾经的先进技术，在科技日新月异的今天，显然并不能解决当下的问题，建筑需要以新的技术去回应现实的社会需求。然而，中国建筑传统中，那些处理自然、地形、景观的和谐智慧却是值得继承的。因此，建筑创作中对待传统的态度应该持有必要的批判性，要因地因时地区别对待。钟训正认为，设计语言的固与新，应视建筑物的环境和性质而定，不可等量齐观。名胜古迹区的旅游建筑、一些重要的文化表征性建筑，与该地区的传统建筑应有一定的关联，以恰当地体现其所蕴含的地方文化，达致文脉上的必要追索。

　　2）神韵重于形似

　　要避免建筑创作的千篇一律，传统积淀所形成的地域性是值得特别重视的。地域性涵盖了地区的自然条件、传统习俗、民族性格和爱好等，是建筑创作多元化的重要依托。但地域性的具体表达手法又是因时因地而变化的。"在对传统的继承上，除非是古建筑的复原，不应是传统形式的简单的复制，应不求形似但求神韵。"[⑤]

　　"正阳卿"小组对地域建筑的探索是其创作实践的一个重要类型。但他们极少直接采用传统建筑的样式和符号，

图 141　江苏省旅游局办公楼-国际联欢社沿街照片（钟训正提供）

3. 实践

而是在整体格局的经营和文化气质上探索与地域传统的联系。在自然环境中，借鉴中国传统建筑群体对地形的处理手法；在空间组织上，妙用传统庭院空间形态；在建筑形式上，创造性转化地方民居轮廓、尺度和材质色彩等；驾驭格局整体，把握地域形式气韵，通过新的技术手段展现出地域传统的和而不同。兰州甘肃画院吸收了西北传统建筑的空间内向特征，以"内庭外院"组织建筑空间。无锡太湖饭店新楼从江南民居的精巧尺度和色彩意象上吸收转化，将较大的建筑规模化解为顺应地形的单元组合，粉墙黛瓦与栗壳色线条的组合，展现出一种既熟悉又新鲜的江南风韵。南京嘉年华休闲中心以深远的坡面出檐统筹逐层退台，从而形成与相临的古林岗地环境的和谐相处。在谈到建筑设计的手法时，钟训正曾说，我们不能满足于熟练地掌握传统建筑的法式和手法，总该有所创新，总该有点时代气息，躺在祖宗的荫庇下混日子是没有出息的。这道出了"正阳卿"小组对待传统与创新关系的认识和实践探索的基本指向。

钟训正毕业分配离校后第二年，便在教学的同时投入实际工程的设计实践之中；调回母校工作后，其出众的建筑创作才华得到更多的发挥。他先后主持完成的实践项目中，有20世纪五六十年代大建设时期的重大标志性工程，也有改革开放后建设高峰期及其后的众多文化、商业等颇具创意和影响的经典案例。

南京长江大桥桥头堡

南京长江大桥是长江上第一座由中国自行设计和建造的双层铁路、公路两用桥梁，在中国桥梁史乃至世界桥梁史上具有重要意义（图142）。1960年1月，南京长江大桥正式开工后，大桥工程局委托中国建筑学会，向全国建筑设计单位和建筑院校征集桥头堡建筑设计方案。同年3月，从

图142 南京长江大桥桥头方案（钢笔淡彩）（钟训正提供）

全国多个单位提出的 58 个方案中选出 3 个送审，南京工学院钟训正提出的复堡式红旗方案被采纳。桥体工程进入尾声的 1968 年 8 月底，桥头堡建筑开始了扩初、技术设计和建造。作为建筑工种负责人，钟训正带领团队下工地，边设计边施工、日夜奋战，与施工人员一道克服了重重难关。在不足一个月的时间里，70 余米高的桥头堡奇迹般地树了起来，保证了 1968 年国庆日大桥的全面通车。桥头堡个性鲜明的红旗造型体现了人民的精神风貌和时代特色，这一标志性形象很快红遍大江南北（图 143）。

图 143　南京长江大桥桥头堡方案（钢笔）（钟训正提供）

无锡太湖饭店新楼扩建工程

1983 年设计，1985 年竣工的无锡太湖饭店新楼，是钟训正在建筑创作实践中的又一力作，在建筑界赢得了极高评价，获得了多项殊荣。太湖饭店的创作由钟训正与同事兼好友、"正阳卿"小组成员孙钟阳、王文卿两位南京工学院建筑系教师共同完成，他们试图从环境、景观角度着手，在探求有中国江南独特风格的现代主义建筑方面着力探新。太湖饭店的设计是一次成功的尝试。

原太湖饭店主楼系旧江南大学校舍，横亘于山脊处，坐东朝西，面对太湖，是一幢教室为主的 3 层楼房，改作宾馆后仅有客房 95 间。新楼可用基地为旧楼东南方向一山头平地、东坡及坡底较平坦开阔地带，从山头平地远眺可见太湖、三山岛、鼋头渚、大小箕山，风景极好。因此，在方案构思中确定了五条原则："1. 不破坏太湖景观，从太湖方向远眺不宜在山头再出现大体量的建筑；2. 由基地东部的梅园方向来饭店，所见的山不高、尺度小，新楼不宜采用城市型单一大体量；3. 新楼必须与老楼有互补关系；4. 至新楼车辆不宜再

上山；5.新楼要有江南风格。"太湖饭店在与山地地形结合上，采用与合肥稻香楼庐阳饭店相同的手法：客房分为两大组，一组垂直于等高线，平面错落而立面叠落，另一组平行于等高线呈台阶状错动；新楼有电梯直达各层，山顶的餐饮可与老楼互用。建成后饭店所有客房均有良好观景条件。从太湖望去，新楼仅露出山顶两层，高低起伏，错落有致，与老楼总体协调，与地形结合紧密，既具有江南建筑意味，又不失现代性（图144、图145）。

图144 无锡太湖饭店新楼鸟瞰图（钢笔）（钟训正提供）

图145 无锡太湖饭店新楼平面与立面（钢笔）（钟训正提供）

兰州甘肃画院与敦煌研究中心

甘肃画院与敦煌研究中心及拟建的（甘肃省）美术展览馆同处于一长条基地上，整个基地北临黄河南边的雁滩公园，中间有黄河溢水道相隔。基地南面隔以绿堤临滨河路。画院位于总基地东部，环境幽静。

甘肃画院外部环境虽然开阔，但略嫌平淡单调，故画院本身设外院内庭。主要用房则围绕外院内庭布置。外院有池、步石、亭、假山石与常青植被，步廊的内部空间设有狭长水池及花坛假山，视觉上水面与外池相通。内廷有玻璃顶，可供人休憩、交流或举办大型集会。该建筑的体量和尺度都精巧宜人，具有现代化的西北民居风格。

敦煌研究中心位于与画院联合基地的最西端。基地西部有道路通雁滩公园，正可设置中心的车行出入口。西段隔一小广场有中日友好公园，正南面隔滨河路有三幢点式高层公寓。该院的办公和研究用主楼平面布置成Z形，大展厅布置于Z形的西北部，会堂（可供国际会议用）位于其西南部，两者都可独立对外开放而不与办公和研究人员的流线交叉。会堂屋顶

高处绿堤有两个层面，实际上它是绿堤的延续，可供游人休憩、活动和观景。Z形平面的主楼在东、西、南三方都退层上收，从滨河路来看，与背景中

黄河北岸多台地的群山相协调；由雁滩公园南望，恰似滨河路南三幢塔式公寓的台座。该建筑外形水平舒展，装饰简朴无华（图146、图147）。

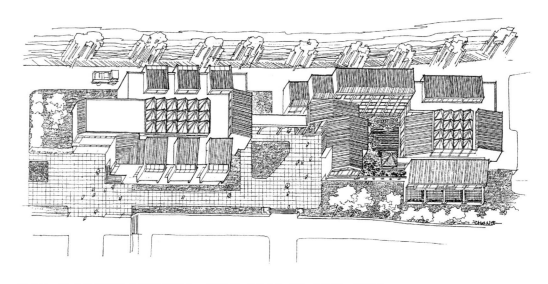

图146　兰州甘肃画院与敦煌研究中心总体轴测图（钢笔）（钟训正提供）

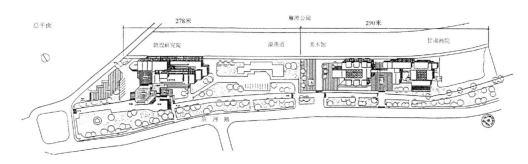

图147　兰州甘肃画院与敦煌研究中心总平面（钟训正提供）

海南三亚金陵度假村

基地位于海南三亚大东湾的西部，南面朝海，景色浩阔而深远。基地近曲尺形，由北到南地形起伏，由东到西较平缓。北边公路处地势较高，落坡到中部洼地，南部近海处又有一条横贯东西的沙岗，南部近海处已形成一个东西宽约80米的沙坑，坑底到岗顶高差约7米（图148）。通过分析基地条件，"正阳卿"小组确定了方案构思的几个主要原则：

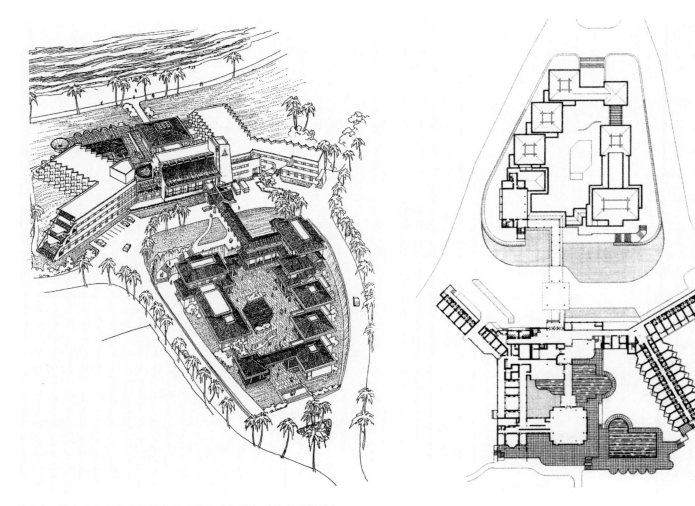

图148 海南三亚金陵度假村鸟瞰及平面（钢笔）（钟训正提供）

（1）建筑布局应顺自然，首先是顺应地形，要利用基地中部的大沙坑；

（2）客房与外向性公共用房应尽量朝海，满足游客为海而来的目的；

（3）旅客水平流线应尽可能短捷直接，避免各种流线穿插，以及客房之间的视线干扰；

（4）海南三亚阳光酷烈，为了减轻能源负担，应尽可能避免直接西晒；

（5）建筑造型丰富中求庄重，变化中寓新意，既与环境协调，又在环境的基础上脱颖而出。

因此，宾馆区置于近海滩的沙岗顶部平坦地段上，以便于海滨活动和观赏海景。别墅群自成安静的一区，但邻近宾馆主楼以便共用宾馆的公共设施和游泳池。沙坑位居基地中部，为旅客来往必经之地，宜设置商业饮食中心，底坪略为提高，以利排水。娱乐区室外场地设在低地较平坦的区域，俱乐部与之邻近，设在山岗北坡。海滨浴场及相应设施设在基地的东部，辅助用房设在曲尺形基地凹角的低洼地，求其隐蔽并贴近宾馆和商业饮食中心。行政和职工生活区设在基地西北角近公路的坡麓，与旅客活动用房和场地有所分隔。

方案为了使宾馆有最佳的观海条件，将平面设计成多枝翼形。中廊式客房的两翼基本垂直于海岸，客房平面层层退台并呈锯齿形状，锯齿朝海的一面设窗，既避免东西晒、又避免与其他枝翼的视线干扰，外廊式客厅的两翼基本平行于海岸，直接朝南面海。其他公共活动用房也都可直接观海，特别是大小餐厅、包括室外平台都有最佳的观海条件。入口面中部结合中庭空间的曲面屋顶以及大餐厅屋顶等，采用带传统意蕴的创新手法。屋面采用与大海协调的海蓝色，因三亚终年阳光强烈，为避免眩目，外墙面用中浅灰。

南京山西路广场金山大厦

金山大厦位于山西路广场西北部，基地所在属南京繁华地段，基地面积小、不规则，为近似的等腰梯形。建筑向西退让出较宽敞的外部空间，裙楼一～四层为商城，餐饮、娱乐在五、六层，有独立出入口。建筑的高层公寓、高层办公和服务性出入口均在背离街道的西面布置。同时设置了半室外的公共空间，协调复杂的功能，取得室外环境向室内的自然过渡。两个高层的位置和关系是布局的基本结构。平面为长八角形，面临中山北路的塔式高层，为34层写字楼，沿山西路高层是27层的商住楼，两处分离的高层，在接近顶部有5层的玻璃体块连接相通，隔而不绝。

建筑采用一系列手法营造室外空间与城市空间的过渡：（1）利用建筑界面的封闭与开敞，限定内外空间并保证视线通透。（2）退让出公共活动空间形成入口广场。（3）底层架空。将底部架空，把城市空间引入建筑内部，使城市空间和建筑空间有机地交织在一起。通过城市空间的"建筑化"和建筑空间的"城市化"，形成整体连续的空间系统。（4）底层内缩，形成灰空间，软化建筑边界，吸引人流接近。

（5）共享大厅。强调室内公共空间的公开状态，利用室内公共空间的形状调整建筑形态，使之契合基地。

建筑容积率高达 11.0，留给建筑师外部空间的余地实在小得可怜。为了留出首层室外共享空间，金山采用了地下立体停车，地下一层一部分为自行车停放，另一部分与地下二层为机动车停放。建筑以多个独立出入口组织交通，确保各功能分区之间互不干扰。

南侧高层商住楼面临的主要问题是争取更多的日照时间。高层沿山西路方向排布，房间面向南和西北，建筑在西南角方向的角部变化，使得建筑朝向西北的面，部分转化为西南向，改善了采光条件。商住楼的客房尽可能多地与最佳景观朝向和采光方向吻合。住宅功能的特殊性要求和高层体形的限制，使得建筑的进深仅为 8 米，不可能通过房间前后错动来获得较好的采光和通风，所有房间沿周边布置，通过相邻两户厨卫对称组合，中间隔开"一道狭长的缝"，使厨卫有直接的通风和采光，同时丰富外部造型（图 149、图 150）。

图 149 南京山西路广场金山大厦透视图（铅笔）（钟训正提供）

福建武夷山九曲花街规划与单体设计

武夷山九曲花街处于武夷山主要景区的西部，西接武夷山自然保护区。其基地范围南起武夷山景区外环路，紧邻星村镇，北抵九曲溪，东接武夷山著名的人文景观人上宫以及碑林，无论是基地位置还是设计渊源，都与 20 世纪 80 年代初在杨廷宝先生的指导下设计的武夷山庄遥相呼应。

九曲花街是名副其实的山水园林，理应被赋予特有的人文意境。规划设计力求使街道、广场、建筑、古井、树木和谐共存，通过强烈的导向性和自由的环境处理手法，使山水大环境与花街小环境融为一体（图 151）。规划设计的原则是：

（1）重视自然环境，力求环境、经济、社会效益的统一；

（2）充分尊重地形地貌、地域文化和景观特色；

（3）保持与相关规划设计成果的衔接及吻合；

（4）探索与地域风貌及时代特征适宜的建筑形象。

规划结构强调与用地环境的整合，以规划的整体性为着眼点，从功能分析入手，因地度势，运用大小对比、疏密结合、封闭与开敞等建筑围合处理手法创造丰富的空间序列，力求体现区域空间的层次感，利用空间的穿插、流动、对景等增加空间趣味性，体现传统商业街道的韵味；同时利用公共街巷在整个规划中的定位和空间关系构架，将餐饮、商业、文化娱乐等几大类功能设施有机串联，构成脉络相通、条理清晰的统一体。

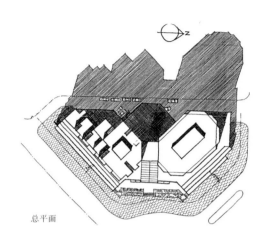

总平面

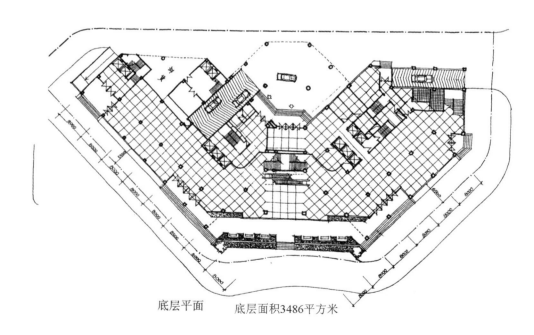

底层平面　　底层面积3486平方米

图 150　南京山西路广场金山大厦总平面与底层平面（钟训正提供）

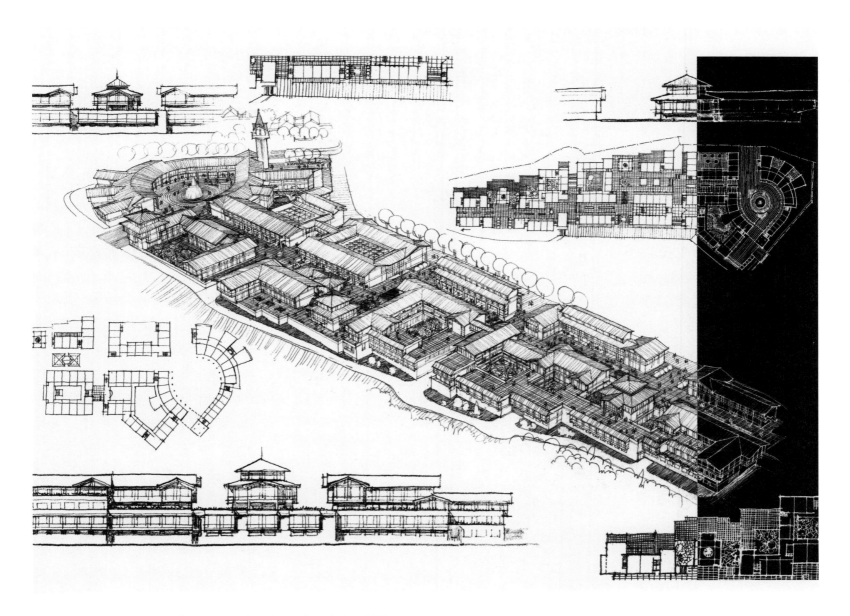

图 151　武夷山九曲花街总体鸟瞰及平立面草图（铅笔）（钟训正提供）

规划注重创造丰富多彩、舒适怡人的聚落空间，同时在意念神韵上体现九曲溪的意境。首先，以九曲花街东西走向作为主导空间，结合南北通道予以延伸，创造强烈的场所感。在各个功能区域形成丰富的自由空间，与主导空间紧密联系、相互渗透，形成一个有机结合的整体。其次，突出建筑及空间的起伏与层次、主从与重点，寻求场地中心及轴线关系，各建筑围合成不同的外部空间，形成空间序列上的节奏感。主导空间中的塔楼、品一阁、观景阁等制高点建筑分别对各个区域起到控制作用，突出主题。由于北侧隔溪水即为景区，建筑布局南密北疏，将武夷山的真山水引入花街。

建筑造型设计结合武夷山庄风格以及当代的审美特性，充分考虑基地的特殊环境及建筑的功能性质，从当地传统民居中汲取有益的内容并加以吸收、提炼，同时采用成熟的建筑技术与材料，

恰当地表现出地域建筑文化的韵味。建筑立面体现整体空间的层次感，灰黑色的瓦屋顶、深浅不同的灰色线脚、白色涂料与当地石材相间的墙面共同形成了调和稳定的色调，与自然界中的山水、树木相互映衬。钢和玻璃等现代材料的运用体现出时代气质。清新、自然的建筑与步行街道构成一个完整、和谐的空间。设计手法遵循形式与细节突出现代特征、意念神韵强调场所精神的原则，探索创造一种"新武夷风格"。

外部景观的设计重点在于沿景区道路及九曲溪外观立面的雕琢，将点、线、面诸多设计要素置于某种联系的制约之中，形成起伏有致的外轮廓效果。同时，结合保留的古井、树木，合理安排各类绿化、街道休憩空间、广场小品，在营造商业气氛的同时，创造一个富有人文魅力的景观空间。

美国印第安纳州首府中心广场及相邻旅馆规划设计

美国印第安纳波利斯市中心的圆形纪念广场不远处、州政府和会议中心之间百余米见方的地段上，拟建一广场作城市客厅之用（图152）。广场建成后，原址的停车场改置于地下。

第一轮，BDMD公司由钟训正出了四个方案，其中方案一、二有一明显的中轴线与州政府的中轴线重合，中部设雕塑喷水池；方案三、四为非对称式，广场主体为雕塑配以喷水池，并有露天表演区及台阶式观众席。为避开城市交通的喧嚣与纷扰，取得一处安静的休憩环境，四个方案的广场均采用下沉式，并都考虑了无障碍（图153）。

第二轮，设计要求从安全和造价两方面考虑将广场改为平面式，并在广场西面加建一处800间客房的旅馆，跨越西边道路与广场直接连通。广场正中为一雕塑，东部有露天表演区，台阶型的观众席下为地下车库的一个出入口；作为表演台的背景墙，面对中心的一面为雕塑墙，墙顶有水喷出，呈四分之一弧状落至地面排水沟，人们可穿行于弧形水幕之下。广场西边旅馆的共享大厅跨设于西干道上，有流水坡和台阶与广

场直接相连（图 154）。

该广场连同旅馆的综合设计，几经
周折，最后基本已成定局。但待钟训正
回国后，才得知此项目又转由波士顿的
一家公司承包。

原中心广场

州政府

拟建中心广场

会议中心

充气顶多功能
大厅

老车站

车站老站台

城市干道穿过
站台底部

车站站台底部
为多层库房

拟建办公楼地址

图 152　印第安纳州首府中心鸟瞰（钟训正提供）

图 153　印第安纳州首府中心广场规划设计方案草图四则（炭笔）（钟训正提供）

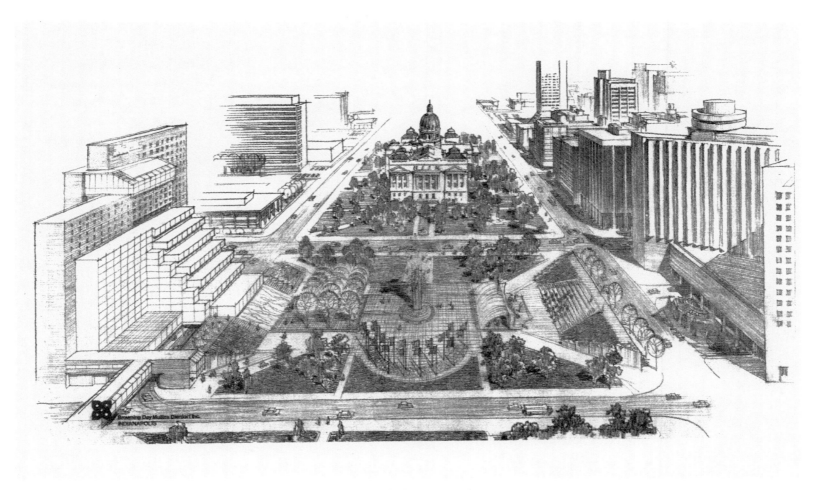

图 154 印第安纳州首府中心广场及相邻旅馆规划设计综合方案鸟瞰（铅笔）（钟训正提供）

注释：

① 钟训正 . 顺其自然，不落窠臼 [J]. 建筑学报，1991(3).

② 钟训正 . 景区坡地的旅游建筑——兼谈无锡太湖饭店新楼设计 [J]. 建筑学报，1987(7).

③④⑤ 出处均同 ①。

第十一章

绘画

在钟训正毕生成就的三座高峰——教研、设计和绘画中，率先为业内同行和莘莘学子所熟悉和景仰的，往往是其堪称一绝的建筑绘画。从钟训正先后出版的一系列水平极高的建筑表现类专著中，可以看出贯穿其职业生涯的艺术情怀——从青年的意气风发、淋漓不羁，到中年的收放有致、挥洒自如，直至晚年的细腻平和、洒脱传神。要全面反映钟训正大半生的传道授业和设计创作，建筑绘画是难以绕过的重要话题。

1. 描摹和超越——启蒙到成型

慢工细活

研究钟训正的建筑绘画，我们不能站在纯粹艺术的立场，而必须从一个建筑师、一个建筑教育者的角度去评判和认识。可以肯定地说，钟训正的建筑绘画成就，不仅在于设计研究对设计表现的定位补充，更在于从技法运用向情感抒发的价值升华。

钟训正的建筑绘画主要以铅笔和钢笔作为绘画工具，准确的形体空间透视、整体与细节的统一是其主要特点。他认为："以建筑画而论，它虽属绘画门类，但又与一般绘画有所不同，它带有较强的技术性。建筑画必须客观地展现对象的实际形象。世界上绘画中的流派五花八门，多数只可意会，有的连画家本人也难以解释。而建筑画则必须通俗易懂，雅俗共赏，给人以明确的形象。因此古今中外的建筑画均以写实的手法来表现。"①（以下楷体引文，如未注明，出处均同此）

从钟训正早年的成长过程中，可依稀见到一个对绘画充满兴趣并初现聪颖天资的男孩。他几乎在开始接受文化知识的同时，便对绘画投入了非同寻常的关注。在家庭所居的寺庙园林环境中、大嫂收藏的各种画册里、牧师所赠的精美画片上，钟训正越来越强烈地感受到了画境的优美。从徜徉其中的视觉感受，进而动手描摹、临绘，直至现场的实景写生……沉浸其中的钟训正初次享受到了绘画令他醉心的神秘和无尽的愉悦。尽管由于任职绘画教师的大嫂无暇分身予以指点，幼年钟训正并没有得到正规的专业绘画训练，但在自发萌动的习画历程中，钟训正对形式美的敏锐感受得到了一定程度的开发和激励，在图形描绘的手头操作方面已经历了初步的操练。

钟训正接受相对正式的绘画训练，还是从大学时代开始的。1949 年 11 月入读中央大学建筑系后，由杨廷宝先生亲自讲授素描课。钟训正第一次见到了画室中的各种教具——除了石膏几何体模型，还有很多石膏人体、头像和各种静物器皿，他感觉很是新奇而难免有些

兴奋。因此，才有了入学伊始"野性未驯，心态浮躁，不耐心细磨慢琢"，四小时的作业被他用 6B 的软性铅笔一挥而就，然后受到杨先生狠狠批评的素描课开端。经过杨先生的严厉训斥和严格的悉心指导，钟训正很快便掌握了素描的要领，开始细致地作画。借助已有的形体观察和手头把控的基础，他以 80 分的优异成绩，圆满完成长达两个学期的素描课学习。

二年级后，绘画课从素描转入水彩，由被称为"中国水彩画之父"的李剑晨先生讲授。与杨先生鞭策为主的方式不同，李剑晨先生的教学以鼓励为主。经过李先生一年循循善诱的水彩课教学，钟训正很快掌握了色彩学的原理和水彩画的技法，并对色彩绘画同样产生了浓厚的兴趣。甚至到了绘画课结束后的三年级，钟训正还饶有兴致地外出画色彩写生（图 155、图 156）。

与绘画相关的学习，还有给予钟训正科学的空间感受的"投影几何"课，培养了从字体书写、建筑测绘、柱式构图及水墨渲染等与绘画相关技能的"设计初步"课等。这两门课的教学亦为严

谨有加的杨先生和童先生主持，需要相当的耐心和持久的恒心。钟训正是当时班上不多的合格通过"设计初步"课的学生之一，其中长达数月的一幅西方古典建筑构图渲染练习，还得到了杨先生判出的全班最高分 95 分。

此外，钟训正从原意为收集和研习设计资料的建筑"抄绘"中所得甚多，这也是其绘画能力得以增强的另一重要途径。数以千百计的建筑范例徒手描绘，给了钟训正在形象观察与描绘方面反复练习的机会。

正是这种建筑学所特有的"艺术感性"和"技术理性"交织的复合式训练，造就了钟训正绘画上洒脱和严谨结合的精准眼力和扎实功底。

博采众长

钟训正的建筑绘画既不同于以忠实表达对象为宗旨的纯建筑表现画，也不同于纯艺术范畴的铅笔、钢笔画等。他的建筑绘画具备透视准确、重点突出、空间感强、收放有度、意境悠远等特征。其中，既能看到细致逼真的刻画，又能够看到高度概括的写意，既能够看到如尺规作图般准确的透视关系和线条排布，又能够看到生动自如的植物、人物配景。

最早吸引钟训正关注的是铅笔画。

"我对铅笔画可说情有独钟，因为它是最经济最方便的一种画种。铅笔和纸张可信手拈来，没有过多的讲究。也可以说它是一种平民画种。铅笔画画幅可大可小，不像钢笔画在画幅上常受限制；铅笔画可粗可细，可简可繁，可以是寥寥数笔的快图，也可以表现细腻，在层次、空间、质感、明暗上都可有极其丰富的表现。铅笔画可实可虚。虚是铅笔画的一大特色，虚即是含蓄、模糊、混沌，深含可变的因素，予人以深邃的思考空间。在设计构思的草图中，在"虚"所启发的思考中，往往可迸发出一些灵感的火花，这与一板一眼，毫无灵动思

图 155　钟训正学生时期的水彩画之一　图 156　钟训正学生时期的水彩画之二
　　　（钟训正提供）　　　　　　　　　　　　（钟训正提供）

考余地的工具制图与电脑制图是截然不同的。……铅笔画的实用价值远大于其他画种……"[2]

而在众多建筑铅笔画家中，率先对钟训正产生重要影响的是美籍匈牙利建筑画名家西奥多·考斯基。他简练洒脱的宽笔画风，曾让钟训正钟爱至极。经过长达数月的全本描摹和潜心研读，他颇为得法地掌握了其绘画要领并以此展开他的建筑表现，很快便以"钟斯基"之称而受到同行得赞许。"那时得到多方的褒扬，被人称为钟斯基而洋洋得意。自以为得其精髓，欲定其为今后自己的风格。"

正在钟训正忘形发热之际，杨先生泼来一瓢冷水："'不要在年轻时只走某一家风格的道路，即使你达到炉火纯青的地步也绝不能超过原创者，年轻人应多看、多悟、多方探索，博采众家之长，融会贯通，才可能走出自己的路。'此语对我说来如醍醐灌顶。"从此之后，钟训正决意放弃宽笔，广泛学习，博采众长，并发现了建筑绘画的新大陆。钟训正通过对多种画风或多或少的吸收与发挥，最后形成他自己特有的建筑画风。

1954年暑假回到母校任教后不久，钟训正开始对多位画家的作品进行了研究。"那时，开拓我的眼界和画路的有Bishop[3]、Watsone[4]、Eggers、Ernest Born[5]、Hugh Ferries[6]等。这些大师都各有千秋，他们都有我们学之不尽的技能和取之不尽的艺术财富。Bishop和Eggers的画风相近，格调严整、精致、构图开朗，形象、质感、空间感、层次等无可挑剔；Kautzky和Watson的画简练概括，用笔洒脱豪放，力度充沛，洋溢着阳刚之气；Hugh Ferries不露笔触，以光影明暗充分体现建筑特有的氛围、体量和空间，场景深邃壮阔，Ernest Born用笔潇洒奔放，线条流畅。这些名家的画百看不厌，每次细看，总会有新的发现。"其中"……特别敬仰的是Ottor Eggers。他的画细而不腻，严而不僵，雅而充实，意境深邃，场景开朗，刚柔并济，收放自如。"（图157～图163）

以钟训正画作中占比最大、成果最丰的铅笔画为例可以看出，其画风的形成经历了三个阶段：（1）起步期——宽头笔：20世纪50年代中期，以粗铅笔仿效考斯基画风；（2）过渡期——

细铅笔：20世纪50年代后期，以细芯的活动铅笔细致描绘；（3）成型期——中粗笔：20世纪60年代以后，以中粗的活动铅笔作画，笔头或立或侧，幻化出粗细、浓淡不同的线条组合，手法更

图157 Eggers画作选之一（《国外建筑铅笔画》）

图158 Eggers画作选之二（《国外建筑铅笔画》）

加灵活多变、表现丰富，形成了自己独特的风格（图 164～图 166）。

　　钟训正所用的活动铅笔在当时国内极其罕见，由杨廷宝先生和刘光华相赠。他十分珍爱，一直用到破旧不堪也不舍得丢弃。

图 159　Bishop 画作选（《国外建筑铅笔画》）　　图 160　Kautzky 画作选（《国外建筑铅笔画》）　　　　图 161　Watson 画作选（《国外建筑铅笔画》）

图 162　Ernest Born 画作选《国外建筑铅笔画》

图 164　宽头笔画选（钟训正提供）

图 163　Ferries 画作选（《国外建筑铅笔画》）

2. 相辅又相成——绘画促设计

设计研究

建筑绘画于建筑设计的意义，首先在于其"研究"。作为建筑设计研究的最有效手段之一，建筑绘画的研究性充分表现在研习性的"抄绘"方面。

在钟训正建筑绘画类型中，"抄绘"特别在学习为主的学生和从教初期，占有相当的比例。这种有一定临摹性质的依样临绘，在复印机、扫描仪、数码相机大行其道的今天，建筑院校中已近绝迹。钟训正在谈到对"抄绘"的看法及其好处时指出：临摹虽为最正统的艺术工作者所忌，但对建筑师却可宽容。临摹不是一味的抄袭，而是要学用结合，反复不已……抄描虽属手工业方式但印象深刻，复印机问世虽然省时省事，但在记忆库中却淡薄得多……其中，形象和形式描摹背后的"研习"意义可见一斑。

在建筑学教学全过程中，很少配有理论讲授的"建筑设计"虽为专业主干课，周学时一般不少于8课时，且多由各大名师上堂，但在学生数渐增的情况下，仍显得学时太少、教师为数有限。在短短4小时一次的当堂改图中，教师不得不以就事论事的改图为主，然后转去另一学生的桌前……个体的学生很难

图165 细铅笔画选（钟训正提供）

图166 中粗笔画选（钟训正提供）

有机会得到非针对性的其他相关知识输入，求知欲旺盛的钟训正和其他同学一样，远不能得到满足。其结果就是，大家的课余时间大部分都用在系图书期刊室。他们埋头于海量的图书和期刊阅读，从中寻找课上所无法得到的多种答案。在这儿，他们无一例外采用的是一种伴以"抄绘"形式的阅读，这是建筑学与其他学科的图书资料阅读方式的最大相异之处。

这种奇特而有效的阅读方式，略有些类似于当代幼教界所提倡的"手读"：阅读者在对建筑设计典型案例平面、立面、剖面图及三维空间形象和环境氛围的描绘中理解、记忆，目的在于从认识论和方法论层面对其设计理念和手法作深度认知。毫无疑问，由于经过了眼、手、脑之间循环式的信息传递，这种手读性抄绘的功效是单纯的"目读"所远不能及的。动手勤、积累多的钟训正，在抄绘中所得到的建筑设计研究成果无疑也是最为丰富的之一。

除了与专业息息相关的建筑设计及构造资料的抄绘研究，钟训正所做

的抄绘还有看似关联不大的另一类，这就是"文化大革命"时期他所做的人物形象、人体解剖及动物形象等为数众多的抄绘。

人和动物的形象描绘属绘画中的高难动作。在不可接触专业的"文化大革命"期间，钟训正参与了宣传画中的人物绘制，同时做过涵括了数以百计人物形象和动物形象的 8 本抄绘。在他的笔下，所有人、动物形象均无起稿，徒手成图，其比例、动态和神韵无不表达得准确无误、惟妙惟肖。特殊时期钟训正这一无奈之举，主观上解决了他从不离笔的"手痒"之痛，客观上是他借这些另类题材的抄绘，完成了对非几何化的移动（动态）体的形式结构规律和描绘技法的深度研究。这为钟训正后来的建筑设计提供了非线性形式创造，以及建筑空间氛围动态表达等方面的重要支撑。

创意表述

建筑画本质上的另一重意义，是设计创意表述的媒介。

在建筑设计这项思维机制极为复杂的创造性活动中，从意象构思到成果完成的建筑形体空间生成受到环境、功能、形式、技术等诸多因素的制约。如何将其最优化整合，是一个复杂而动态的过程。创意建立后向前推进的不同阶段，需要在相应层面上将各种关系进行权衡组合，得出阶段性结论，然后将其与创意目标进行比对、甄别，再根据信息反馈做出纠偏性的调整。……如此反复数次，而后终达相对理想的境地。

设计过程中这种多次反复的比对和纠偏是必需的，同时也是双向的：阶段成果因以技术实施为目的，具体操作过程中受多重复杂因素影响而出现偏差很正常；原始创意强调较为抽象的概念性关系，遭遇各种具体细节因素后出现原意欠妥、欠细之处也无可厚非。结果是，二者间的矛盾焦点往往集中反映在建筑内外的空间形象上。因此，在阶段性结论（成果）与创意目标的比对中，除了相关的平面、立面、剖面等技术图纸外，形象性的三维表现是调试决策的重要依

据。这既是设计团队间讨论交流研究成果的补充手段，更是设计方和建设方之间沟通各阶段研究成果不可或缺的媒介。这其中，建筑绘画的主体角色便是无可替代的了。

建筑画以三维表现为主要方式，可根据需要从不同角度和层面，对设计对象进行全方位的真实形象表现。从总体组合到单体形象，从场景氛围到细部刻画无不是建筑画的范畴。由于这种方案过程的比对是阶段性的、多次发生的，所以这时的建筑画无疑应该有较强的针对性和表现力，关键是周期要尽可能短。无疑，就此阶段的建筑表现而言，"快"是最重要的要求。

比对和利弊取舍之依据所亟需借助的快速三维建筑表现，是钟训正最为得心应手的。无论他是否构思主创，都能迅速将各阶段成果的创作精髓深刻领会并予以迅速、准确、传神的表现。从北京火车站、南京长江大桥桥头堡开始，在建筑系师生组团上阵日夜兼程作草图构思，然后迅速画出创意性表现图的过程中，钟训正的出手频率和所取得的效果都是有目共睹的。在美国期间，深谙透

视画法的钟训正备了数幅自制的透视网格底图（图167），任务一来便立刻投入，同行们需要几天完成的图纸量，在他手下几乎是瞬间便一挥而就，引得同仁惊叹不已。

设计进程进入最后阶段时，对创意构思完整成熟的空间形象表述，是绘制相对精细和全面的建筑表现图。在电脑图像处理技术尚未普及的20世纪末以前，方案的最终建筑表现图多由建筑设计者自己绘制。在此，建筑画的媒介意义主要发生在设计者和业主之间。由于设计师与业主之间往往存在行业之别，因此，设计的最终成果表达需要更为全

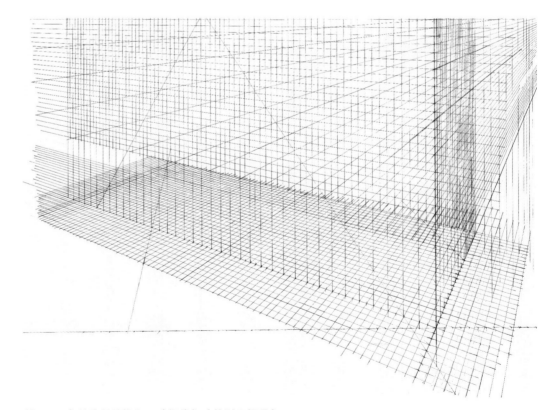

图167　自制透视网格之一（钢笔）（钟训正提供）

面、细致、准确而富有感染力。为此，钟训正自备了各种角度的"透视网格"，以应短时间内绘出准确透视图之用。"所有表现图，不论快慢繁简我都先作底稿，并力求准确。较复杂又要求较高的图，则用自制透视网格绘制，既准又快，就出图时间来说，甚至比电脑当次成图还快。"⑦

钟训正既是一位造诣高深的思想家，更是功夫极深的践行者。在建筑创作中的最终表现图方面，由于有了精深的理论研究和充分的练习积累，他总能成竹在心，一气呵成。图中所呈现的精准的结构、细腻的表情和适宜的氛围，令所有观者赏心悦目，甚至令电脑效果图相形见绌……（图168～图172）

相较于铅笔画的保存不易、复印及印刷的色阶和层次明显减少等各种缺陷，同样是古老画种的钢笔画，却"至今仍保持长盛不衰，在当今的国际性建筑规划设计竞赛中仍为主要的表现手段之一。它有丰富的艺术技巧和明快肯定的表现力，所用工具简单、操作方便、作品易于保存，辗转复印也不会有多大损失和失真，制版印刷也极其简便。"⑧

图168 南京中山陵东苑宾馆设计方案（铅笔）（钟训正提供）

图169 南京双门楼宾馆影院设计方案（钢笔）（钟训正提供）

20世纪70～80年代，钟训正转而对建筑钢笔画展开研究。他借助南工建筑系图书室的资料库存优势，查阅了大量国外建筑钢笔画资料，并就其中优秀的案例做了数量颇巨的徒手抄绘。抄绘时，为了一丝不苟地保持原作的笔触、疏密关系和神韵，他甚至使用了特制工具（磨尖了的小钢笔）和近乎微雕的技术。

经过相当长一段时间的悉心钻研，钟训正对古今建筑钢笔画的表现技法有了较为深刻的认知：

"古典建筑是在有限的建筑材料的基础上，讲究建筑实体的变化，装饰细部和线脚均较繁复，因此，建筑绘画在形和光影明暗的变化上，有运用多种笔触和技巧的机会，结合形体和细部的跌宕起伏，笔触可抑扬顿挫，萦回转折，虚实有致，画面自有一番情趣。现代建筑没有繁复的体形和细部，建筑的工业化使建筑物侧重于空间、体、面及材质的表现，形成建筑物的实体往往是简洁明快的，很少有繁杂的细部，轮廓线则又是流畅舒展的，因此古典技法在表现现代建筑时往往无能为力。现代建筑画结合简朴的形体，发展了新的技巧——用器画，采用各种画线的工具，以较有规则的线组——竖线、水平线、斜线、曲线、透视灭线或数种线组的交织——来组成画面，建筑物的形式和表现技巧易于和谐一致。尽管作画工具和用笔技法今昔有所区别，但基本作画法则——

图170　武夷山九曲花街品茗阁之手绘方案图（铅笔）（钟训正提供）

图171　武夷山九曲花街品茗阁之电脑效果图（钟训正提供）

图 172　武夷山九曲花街品茗阁（钟宁摄）

构图、层次、重点表现、光影明暗的规律等等仍然不变。"⑨（图 173～图 179）

　　1985 年，钟训正将自己多年的建筑钢笔画心得整理成册，出版了《建筑画环境表现与技法》一书。在这本当时全国为数不多的高质量建筑画专著里，钟训正以钢笔画为依托，全面梳理了黑白类建筑画环境表现、透视制作等辅助内容，以及构图、光影、质感等基本技

法，还配上亲手一笔笔绘制的配景图例和国外优秀建筑画佳作。该书一经发行，便很快受到全国建筑界同行和高校建筑院系学子们的喜爱。

　　面对建筑系在"文化大革命"中劫后余生的建筑画资料库存，钟训正本着"拯救这些濒危的书刊并择其精华传之于后世"的责任意识，分别于 2003 年、2006 年先后将多年收藏的国外名家画作

和部分自己描绘之作选编出版了《外国建筑铅笔画》和《外国钢笔画选集》。前者包括铅笔画原作 423 幅，后者包括钢笔画原作 356 幅和他自己徒手抄描的钢笔画作 116 幅（图 180、图 181）。（钢笔画中）"有些作品印刷模糊不清，因此在描绘时作了一些主观上的修正和补充。那时是怀着虔诚崇敬的心情忠实于原作的描绘，尽可能保持原作的笔锋、

神韵乃至细微末节。"⑩

　　钟训正晚年的作画主要集中于"风景"题材。"我热爱大自然的旖旎风光或由人工改造自然的壮举，它们是我取之不尽的题材。每次作画，虽然素材可能源于图片，但因全神贯注，身心似乎已投入画境，每画一笔也似乎深入了情境一步，最后几乎是畅游自然意境，自得其乐。"⑪他自 21 世纪初代起持续绘制了一大批铅笔风景画作，数量多达近千幅。看了这些意境纷呈但都表现得淋漓尽致、无懈可击的精美画作，人们在叹为观止之余不禁会对其绘制的过程产生兴趣。这些令人神往的美境他都亲历过吗？是否是画报、杂志上相关图片的全本描摹？如果看到钟训正书房里一柜子的各国风景画册和一卷卷复印件和画稿，大概可以还原这批画的绘制过程

图 175　Helmut Jacoby 画选（《外国钢笔画选集》）

图 173　J. Douglas Woodward 画选（《外国钢笔画选集》）

图 174　Bertram G. Goodhue 画选（《外国钢笔画选集》）

图 176　Ted Kautzky 画选（《外国钢笔画选集》）

和画作背后的用心所在。"我作画选取素材喜欢简略概括，以求快速地记录对象，但对记录的准确性决不含糊，另一方面则是表现手法细腻，在描绘自然风光时，更注重空间层次、质感和气氛的表现。"[12]

钟训正对景致图片的事先思考与细致加工，是一次完整的建筑画创作，更是他对绘画创意表达的又一次升华（图182～图185）。

图178　钟训正描绘2（《外国钢笔画选集》）

图179　钟训正描绘3（《外国钢笔画选集》）

图177　钟训正描绘1（《外国钢笔画选集》）

图180　《外国建筑铅笔画》封面

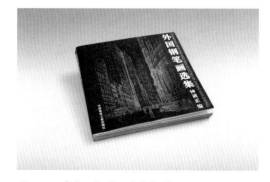

图181　《外国钢笔画选集》封面

图 182 选画和取景之一

图 183 选画和取景之二

图 184 画稿与成图之一（钟训正提供）

首先，他从收藏的画册里选出合意的题材图片，重新框取后上复印机放至A3图幅大小，然后蒙上透明纸以简单笔法勾勒出建筑和环境的主体形象——

其中重要的是繁、简的经营和大形的把控，最后才是蒙上画纸自左向右、胸有成竹地一气呵成，而原图册则始终在侧并辅以放大镜随时观察细部。

据钟训正家人回忆，开始时有过事先打稿的步骤，后来便直接在复印件上作画了。

图185　画稿与成图之二（钟训正提供）

3. 画作

围绕建筑与环境作画，是钟训正自幼养成的爱好和习惯。在他的收藏中，保存尚好的画作数以千计，覆盖了各种题材和表现方法，完整记录了他一生建筑绘画的全过程，汇聚了他不同时期和不同用途绘画创作的主要成就。

建筑抄绘

建筑抄绘是钟训正自学生时期开始并一直延续到 20 世纪末的必修课，红黑两个大速写本，页页细致准确（图 186～图 193）。

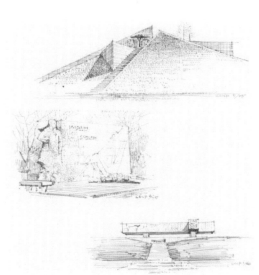

图 186　建筑抄绘选之一（塑料笔）

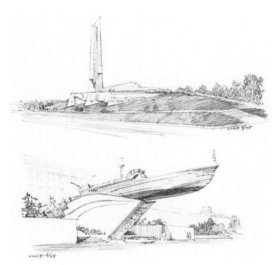

图 187　建筑抄绘选之二（塑料笔）

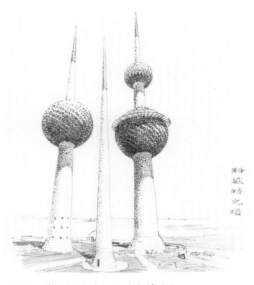

图 188　建筑抄绘选之三（塑料笔）

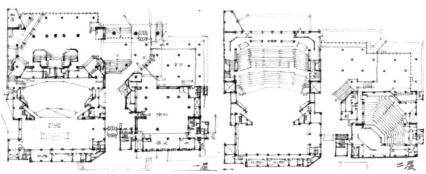

图 189　建筑抄绘选之四（塑料笔）

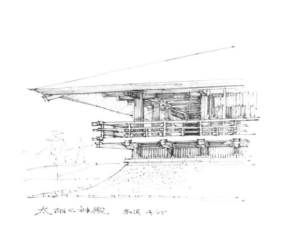

图 190　建筑抄绘选之五（塑料笔）

图 191　建筑抄绘选之六（塑料笔）

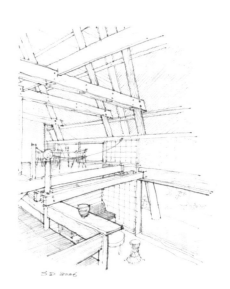

图 192　建筑抄绘选之七（塑料笔）

图 193　建筑抄绘选之八（塑料笔）

动物人物

动物人物是钟训正"文化大革命"时期应时而为的练手之作，七个小速写本的动物和人物，个个惟妙惟肖（图194～图201）。

图194　动物抄绘选之一（塑料笔）

图195　动物抄绘选之二（塑料笔）

图196　漫画抄绘选之一（塑料笔）

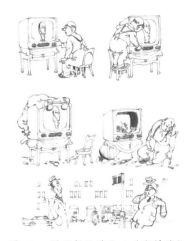

图197　漫画抄绘选之二（塑料笔）

图198　人物抄绘选之一（塑料笔）

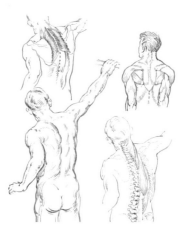

图199　人物抄绘选之二（塑料笔）

图200　人物抄绘选之三（铅笔）

图201　人物抄绘选之四（铅笔）

江浙速写

江浙速写是钟训正任教后的 20 世纪 60 年代，随中国建筑研究室赴江浙考察调研园林和民居时所绘制的一批快速铅笔画，无不潇洒传神（图 202 ～图 207）。

图 204　园林速写之苏州拙政园香洲及倚玉轩（铅笔）

图 206　杭州民居速写之二（铅笔）

图 202　园林速写之扬州瘦西湖五亭桥（铅笔）

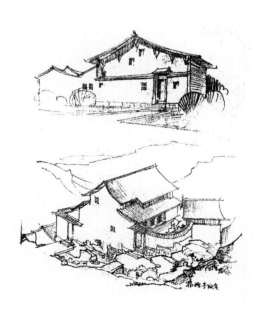

图 203　园林速写之无锡寄畅园（铅笔）

图 205　杭州民居速写之一（铅笔）

图 207　杭州民居速写之三（铅笔）

方案表现

方案表现是钟训正在建筑规划设计成果中最具标志性的自绘内容，无论钢笔、铅笔或彩色等表达形式，幅幅精妙独到（图208～图221）。

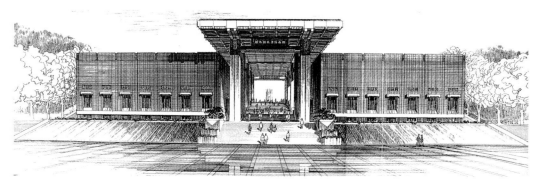

图208　南京雨花台烈士陵园纪念馆设计方案（钢笔）

图209　南京科技会堂设计方案（钢笔）

图210　南京嘉年华休闲中心设计方案（钢笔）

图 210　杭州胡庆余堂药研旅游中心规划之沿街立面方案设计（铅笔）

图 212　杭州胡庆余堂药研旅游中心规划之康复旅馆方案设计（铅笔）

图 213　杭州胡庆余堂药研旅游中心规划之中心广场方
　　　　案设计（铅笔）

图 214　南京中山陵东苑宾馆方案设计（铅笔）

图 215　江苏省洪泽县文化馆方案设计（铅笔）

图 216　南京云湖大厦方案设计（铅笔）

图 217　（美）印第安纳波利斯市东站库房改建之门廊方
　　　　案设计（炭笔）

图 218　南京雨花台烈士陵园总体规划方案设计（水粉）

图 220　古巴吉隆滩纪念碑国际竞赛方案设计（水彩）

图 219　南京雨花台烈士陵园纪念馆单体方案设计（水彩）

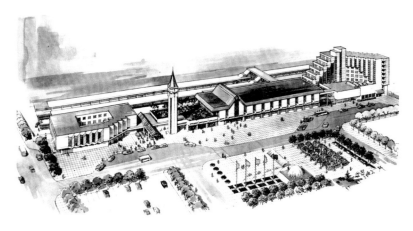

图 221　青岛火车站竞赛方案设计（水彩）

风光素描

风光素描是钟训正晚年画作的主要内容，题材覆盖国内外众多著名建筑与环境，幅幅出神入化（图 222 ～图 228）。

图 222 风光素描之武夷山风光（铅笔）

图 223 风光素描之颐和园佛香阁（铅笔）

图 224 风光素描之希腊风光（铅笔）

图 225　风光素描之巴黎荣军院教堂（铅笔）

图 227　风光素描之意大利威尼斯圣马可广场（铅笔）

图 226　风光素描之捷克布拉格市政府广场（铅笔）

图 228　风光素描之西藏布达拉宫（铅笔）

注释：

① 钟训正 . 顺其自然，不落窠臼 [J]. 建筑学报，1991(3).

② 钟训正 . 外国建筑铅笔画 [M]. 北京：中国建筑工业出版社，2009：6.

③ 阿尔伯特·毕晓普（Albert Thornton Bishop，1897—1958），英国建筑师。著有《英国文艺复兴建筑图集》（*Drawings for Renaissance Architecture of England*）、《艺术学校自学成才》（*Art School Self-taught*）、《构图和渲染》（*Composition and Rendering*）。

④ 欧内斯特·W. 沃特森（Ernest W. Watson, 1884—1969），艺术家、作家。1884 年 1 月 14 日生于美国马塞诸塞州的康威市。1906 年进入位于波士顿的麻省艺术师范学校（Massachusetts Normal Art School，现为麻省艺术学院）学习，1908 年成为普拉特学院教师，教授设计、制图、投影法和构图训练。

⑤ 恩斯特·邦（Ernest Born，1898—1992），美国建筑师。1922 年毕业于加州大学伯克利分校建筑学院，次年获得硕士学位。后任加州大学伯克利分校建筑学院的教授。作为一名成功的艺术家和建筑师，他的设计包括展览、壁画、家具、陈列室、书籍设计、油画和水彩画，以及创作插图和艺术版画。

⑥ 休·费里斯（Hugh Ferries，1889—1962），美国著名建筑师、建筑绘图师。著有《明日的都市》一书，擅长通过情绪化明暗效果对比绘制摩天楼的效果图。最著名的作品是 1922 年受建筑师 Harvey Wiley Corbett 委托，为 1916 年颁布的纽约市区划法决议绘制的四张分析图。由这套作品引申出来的以逐层退台为特色的高层建筑充斥了 20 世纪 20-30 年代的纽约。同时，他的作品也影响到美国的流行文化，是蝙蝠侠漫画电影中哥谭市形象的设计灵感。

⑦ 钟训正 . 炭铅笔画：钟训正旅美作品选 [M]. 南京：东南大学出版社，1991：4.

⑧ 钟训正 . 外国钢笔画选集 [M]. 北京：中国建筑工业出版社，2006：2 .

⑨ 同⑧ .

⑩ 同⑧ .

⑪ 钟训正 . 笔尖情愫：钟训正院士风光素描画选 [M]. 南京：东南大学出版社，2014：11.

⑫ 同⑪ .

结　语

纵观钟训正先生的生平经历：

钟氏家风的滋养、武冈名校的培育、中大名师的训教，是他汲取给养的初源；毕业后的高等教育大革命、新中国建设高峰，为他提供了教研、创作和绘画才华初露的机遇；"文化大革命"及其后高教恢复期的潜心研读、积累，是他学养补给的驿站；在美建筑事务所工作的差异体验与实力展示，是他能力拓展的窗口；改革开放后的城乡建设高潮，给了他与团队协同展开教研、创作和绘画一展宏图的舞台；当选中国工程院院士，全面开展学术活动与参政议事，使他进入更高更广的境界。

横览钟训正先生的学养修为：

教学上，他毕生潜心建筑教育，深耕教学一线，在秉承老一辈言传身授的优良传统的同时，鼓励学生大胆创意，坚持并发展了产学研融贯的教学思想和方法，是我国建筑教育战线深受爱戴的教育名家。

创作上，他始终坚定文化自信，践行"立足中国大地"的建筑创作理念，以"顺其自然，不落窠臼"的匠心铸就了中国现代建筑发展史上数量颇丰的精品力作，是我国建筑创作领域功勋卓著的领军人物。

绘画上，他集创作与表现为一体，精妙诠释了设计创作与绘画艺术间密切的内在关联。他在长期的建筑绘画实践中，形成了艺工兼备、优雅洒脱的独特风格，是我国建筑绘画领域造诣非凡的一代宗师。

最后，回到本纪事名中的"笔端正道"四个字：

以与钟训正先生封山之作《笔尖情愫》四字组合逻辑同构的"笔"字开头，意在点明其勤思敏行的秉性特质；而借用先生最简签名"正"字，则既体现了本纪事内容的专属性，也定格了其令人仰止的学术境界。笔耕不辍、正己正人，笔底生辉、正气正道——是钟训正先生成为一代建筑大家最贴切的注解，也是他一生追求并留给后人的遗产精华之所在。

附录一 钟训正年表

◆ **1928 年　1 岁**

8 月 23 日（农历七月初九），出生于湖南武冈。十个兄弟姐妹中排行第八。

◆ **1931 年　3 岁**

生母产小妹时去世。

◆ **1935 年　7 岁**

2 月，入读湖南武冈云山小学。

◆ **1939 年　11 岁**

2 月，入读湖南武冈和平小学。

◆ **1941 年　13 岁**

2 月，入读湖南武冈云山中学。

◆ **1944 年　16 岁**

2 月，入读湖南武冈蓼湄中学。

◆ **1945 年　17 岁**

4 月，因战事休学。

11 月，复入读湖南武冈蓼湄中学。

◆ **1946 年　18 岁**

2 月，入读湖南南岳岳云中学。

◆ **1948 年　20 岁**

2 月，于湖南南岳岳云中学毕业，并居住于湖南大学准备大学升学考试。幼年受其长嫂影响，对绘画产生了浓厚的兴趣，于是决定报考工程与艺术结合的建筑系。

10 月，考入国立中央大学建筑系学习。

◆ **1949 年　21 岁**

1 月，正值南京解放前夕，战事告急，在校学生被遣返回乡，暂时休学。

10 月，重返国立南京大学建筑系学习。

◆ **1951 年　23 岁**

加入共产主义青年团。

◆ **1952 年　24 岁**

9 月，毕业于国立南京大学建筑系，分配至湖南大学任教。

10 月，在湖南大学土木系作为助教开始教授建筑专修班"建筑设计初步"。

◆ **1953 年　25 岁**

11 月，赴武汉参加武汉水利学院、华中工学院、华中动力学院"三校设计"，并与湖南大学部分师生合作设计第一个作品——华中工学院 1 号教学楼。

◆ **1954 年　26 岁**

调任至武汉大学水利学院任教，教授水利工程专业"房屋建筑学"。

10 月，由时任南京工学院系主任的杨廷宝先生请教育部长出面，调任南京工学院建筑系任教，教授"建筑设计"专业课程。

◆ **1955 年　27 岁**

开始教授建筑学一年级、四年级及公共建筑研究室成员"建筑构图原理"。

跟随杨廷宝先生，参与南京雨花台烈士陵园总体规划。

◆ **1956 年　28 岁**

与江三林女士结婚，杨廷宝先生证婚，杨师母及各位同事到场祝贺。

◆ **1957 年　29 岁**

3 月，由助教升为南京工学院建筑系讲师。

◆ **1958 年　30 岁**

11 月，参与北京火车站方案设计。

◆ **1959 年　31 岁**

1 月，所作综合方案被选定为最终实施方案。

◆ **1960 年　32 岁**

年初，全国举行南京长江大桥桥头堡设计竞赛，在南京工学院建筑系高度关注下，与全系师生共同参与了南京长江大桥桥头堡方案设计，设计红旗和凯旋门式方案，并负责两个方案的图纸绘制。

4 月上旬，南京长江大桥桥头堡竞赛评选会在南京福昌饭店举行，所作红旗方案被选定为最终实施方案。

与南京工学院部分教师合作参与设计江苏无锡中国建筑工作者之家方案设计，方案在华东区评选时被评为两个优秀方案之一。

◆ **1963 年　35 岁**

南京铁路旅客站设计方案经上海铁路局及铁道部批准定案 (后因故取消)。

与赖聚奎等共同参与设计古巴吉隆滩纪念碑国际设计竞赛方案，并出国参选。

开始抄绘国外建筑构造图集，为《国外建筑装修构造图集》出版打下了基础。

◆ **1964 年　36 岁**

参与南京工学院公共建筑研究室项目南京火车站方案设计。

◆ **1969 年 41 岁**

参与编写综合医院以及食堂、车站等民用建筑设计原理教材。

与崔豫章、赖聚奎合作编写教材《建筑绘画》，主编绘画原理及素描部分。

设计了南京长江大桥浦口岸桥头堡下的接待厅方案。

9 月，南京长江大桥桥头堡完工。

◆ **1972 年 44 岁**

与孙钟阳、王文卿合作编写教材《建筑制图与阴影透视》，负责其中的透视阴影章节，并完成初稿。

◆ **1973 年 45 岁**

开始教授建筑透视及阴影。

◆ **1974 年 46 岁**

进行建筑绘画讲座。

◆ **1977 年 49 岁**

参与南京雨花台纪念馆方案设计。

◆ **1978 年 50 岁**

教授民用建筑毕业设计。

基于杨廷宝先生先前的方案设计思路，与陈家堡合作设计了南京雨花台烈士陵园北大门。大门设计完成后，紧接着设计了烈士殉难处主题雕像。

◆ **1979 年 51 岁**

参与设计安徽合肥稻香楼庐阳饭店，合作单位安徽省建筑设计院。

◆ **1980 年 52 岁**

参与南京五台山体育馆设计及设计指导。

与奚树祥等带领 6 名七七级学生赴无锡鼋头渚，完成"省干疗养院"扩建工程方案设计。

与奚树祥合作在《建筑学报》上发表了论文《建筑创作中的"百花齐放，百家争鸣"》。

◆ **1981 年 53 岁**

设计南京建管所业务楼，合作者程丽，技术设计南京工学院建筑系，1983年建成。

◆ **1982 年 54 岁**

参与设计南京鼓楼邮电大楼方案设计。

设计安徽合肥稻香楼宾馆庐阳饭店，技术设计安徽省建筑设计院。

◆ **1983 年 55 岁**

设计南京科技会馆，结构合作者冯庆生，技术支持南京市建筑设计院，1991 年建成。

设计无锡太湖饭店新楼，合作者孙钟阳、王文卿，水、电、暖通合作单位南京工学院建筑设计院，结构合作单位南京工学院建筑系及南京工学院建筑设计院。

参与青岛火车站设计竞赛，经评选报为铁道部的两个推荐方案之一。

◆ **1984 年 56 岁**

设计南京夫子庙贡院西街。

赴美国印第安纳州的保尔州立大学进修，并参与印第安纳波利斯的 BDMD 事务所工程设计，随后又参与波士顿 JB 事务所的工程设计。

◆ **1986 年 58 岁**

设计江苏省某厅电子技术楼，扩初及完成技术设计单位南京工程兵学院，1989 年竣工。

设计杭州胡庆余堂中药保健旅游中心（设计竞赛第一名）。

◆ **1987 年 59 岁**

设计南京双门楼宾馆影院方案。

7 月，在《建筑学报》发表论文《景区坡地的旅游建筑——兼谈无锡太湖饭店新楼设计》。

10 月，完成甘肃画院设计，并作为设计者签字出图。

11 月，完成敦煌研究院设计，并作为设计者签字出图。

◆ **1988 年 60 岁**

3 月 31 日，与孙钟阳、王文卿共同完成海南金陵度假村设计，并作为审核人签字出图。

◆ **1989 年 61 岁**

2 月 26 日，作品"南京夫子庙、文庙、学宫、东西市场建筑群"获 1988 年江苏省优秀工程设计一等奖。

参与南京丁山宾馆扩建工程设计。

8月，作品"无锡太湖饭店"获建设部1989年优秀设计二等奖。

10月，作品"无锡太湖饭店"获国家教育委员会1989年优秀设计一等奖。

◆ **1990年 62岁**

5月，作为委员，在中国建筑学会建筑师学会建筑理论与创作专业学术委员会第一次学术讨论会上作专题发言。

6月，与孙钟阳、王文卿共同完成江苏省旅游局办公楼设计，方案设计署名"正阳卿"，并作为审核人签字出图。

在《建筑画》上发表论文《美国建筑设计表现的体验》。

◆ **1991年 63岁**

3月，在《建筑学报》发表论文《顺其自然，不落窠臼》。

8月，在《建筑学报》发表论文《海南三亚金陵度假村》。

与孙钟阳、王文卿合作设计南京中山陵太阳广场嘉麟楼。

◆ **1992年 64岁**

4月，与孙钟阳、王文卿合作完成南京丁山宾馆翻改建工程，方案设计署名"正阳卿"，并作为审核人签字出图。

7月，完成中山陵园茶社设计，并作为审核人签字出图。海南省三亚市金陵度假村工程项目获得国家教育委员会1991年度优秀工程设计二等奖。甘肃画

院工程项目获得国家教育委员会1991年度优秀工程设计二等奖。

10月，受国务院表彰，享受政府特殊津贴。

参与设计了南京云湖大厦、南京中山陵东苑宾馆（合作者：孙钟阳 王文卿）、苏州同里湖度假村（合作者：孙钟阳 王文卿）、南京太平北路和平大楼方案、南京太平路马府街综合楼方案、洛阳百货大楼方案。

在《建筑文库——建筑师的修养》发表《成长的烦恼——回顾与反思》。

◆ **1993年 65岁**

3月，与孙钟阳、王文卿共同完成中山陵区东郊宾馆的国宾楼和综合楼，并作为审核人签字出图。

设计了南京中山路湖北路口供销总社大楼、南京中山路湖北路口交通大厦方案、江苏大厦和徐州物华大楼。

设计南京山西路广场金山大厦，工程合作者邵明良，技术设计南京市建筑设计院，2000年建成。

◆ **1994年 66岁**

1月，参加刘光华先生归国聚会。

3月，参与江西井冈山参加工作会议并参观。

5月，《国外建筑装修构造图集》出版。

6月，参加南京工学院建筑系64届

毕业30周年纪念活动。

10月17—23日，赴深圳华夏艺术中心参加第二届"建筑师杯"优秀建筑设计评选。

设计了南京嘉年华休闲中心、南京天华大厦、无锡人民路综合大楼、宜兴花园宾馆、宜兴市政府大楼、安徽巢湖市望湖宾馆、南京白下路金顺大厦设计方案。

◆ **1995年 67岁**

5月，于《世界建筑导报》发表论文《正阳卿小组作品》。

6月，"南京中山陵太阳广场"工程项目获国家教育委员会1995年度优秀工程设计三等奖。

◆ **1996年 68岁**

1月，与孙钟阳、王文卿合作编写的《建筑制图》教材获第三届全国普通高等学校建设部优秀教材评选一等奖。

2月，在《建筑学报》发表论文《北京建筑刍议》。

设计南京军区政治部综合服务楼、南京正洪街商业改造、南京军人俱乐部老干部活动中心。

4月，于南京东南大学留园宾馆参加苏南水乡民居研讨会。

10月，完成南京天华大厦设计，并作为审核人签字出图。

◆ **1997年 69岁**

5月，受东南大学继续聘任，延迟退休。

6月，参与东南大学建筑学院70周年院庆纪念活动。

10月，参加南京工学院建筑系62届毕业生毕业35周年纪念活动。

参与设计国家大剧院方案设计竞赛，主持南京山西路广场综合大厦方案设计。

11月，当选为中国工程院院士。

12月，于《1997年中国建筑学会学术年会论文专辑》上发表论文《给城市多一点绿地和公共活动空间》。

◆ 1999年 71岁

6月，作品"太湖饭店"入选国际建协（UIA）第20届世界建筑师大会——当代中国建筑艺术展，荣获当代中国建筑艺术创作成就奖。

9月，东南大学环境与建筑研究中心成立，任中心主任。

◆ 2000年 72岁

10月，出版《脚印——建筑创作与表现》。

11月，受邀赴黄山参加安徽、江苏两省建筑师学术年会，并做专题学术报告。

12月，于《江苏建筑》发表论文《现实与希望》，阐述了面临新时代环境生态需求以及技术创新的影响，并明确了建筑师以及职能部门的角色，希望在21世纪建立公平开放的建筑设计行业环境。

◆ 2002年 74岁

3月20日，在《建筑学报》发表纪念文章《恩泽绵长——忆杨老》。

设计洪泽文化馆，并获得江苏省优秀设计二等奖。

10月，赴江西庐山参加建筑与文化2002国际学术讨论会。赴江西南昌参加南昌大学新校区概念规划设计评审会议。

11月，赴海南参加中国建筑创作论坛2002学术年会暨世界华人建筑学会第二届筹备会。

◆ 2003年 75岁

1月，在《百年建筑》发表论文《传统建筑文化的继承与发展》。

2月，主持威尼斯水城和浦东新苑项目评审。

参与武夷山星村镇九曲花街规划及单体设计、南京名人馆的设计。其中，武夷山九曲花街获国家教委优秀设计一等奖和中国勘测协会优秀设计三等奖。

◆ 2004年 76岁

1月，参与月湖文化艺术区琴台文化艺术中心竞赛评审。

3月，作为专家组长参加重庆医科大学缙云校区概念性规划评审工作会。

4月，于《中外建筑》发表论文《任重道远 推陈出新》。

6月，参与世界遗产研究教育中心规划方案评审。

9月，参加中国合肥科学城概念性规划及城市设计邀标方案评审会。

◆ 2005年 77岁

1月，赴北京参加第三届中国建筑学会建筑创作奖评审会议，作为评审委员会委员参与评审14项建筑创作优秀奖以及26项建筑创作佳作奖。

7月，于《江苏科技信息》发表论文《建筑文化：继承与发展》。

9月，作为评委会委员参加威海国际建筑设计大奖赛，并出席著名建筑师创作论坛。

10月，受邀出席湖南长沙2005当代中国建筑创作论坛。

11月，赴俄罗斯建筑科学院访问、交流。

◆ 2006年 78岁

3月，参与哈尔滨新区城市设计研讨会。

4月，应邀赴山东建筑大学参观指导建筑城规学院工作。

6月，赴江苏淮安参与多功能会展中心方案评审。

8月，作为方案评委参与深圳市世界大学运动会体育中心详细规划及一场两馆建筑方案设计国际邀请赛设计方案评审会评审。

11月，参加2006南宁人居建筑与规划大奖赛活动展示开幕。

◆ **2007 年 79 岁**

1 月，参加刘光华先生归国聚会。

6 月，赴青岛参加"青啤地产杯"2006 中国手绘建筑画大赛评审会。

10 月，于《建筑与文化》上发表论文《洪泽县文化中心》。

10 月，赴湖北随州参加炎帝神农故里风景区修建性详细规划评审会。

12 月，受聘成为佛山科学技术学院名誉教授，并作学术报告。

◆ **2009 年 81 岁**

8 月，参加"蓝星杯"第五届中国威海国际建筑设计大奖赛评审会议。

◆ **2010 年 82 岁**

10 月，获第四届中国建筑学会建筑教育特别奖。

10 月，受邀参加"城市大提速"武汉高峰论坛。

11 月，参加杭州师范大学新校区建设工作专题汇报会，作为评审组成员汇报了美术馆、音乐综合体、美术综合体规划建筑设计方案评审结果及深化意见。

12 月，受邀参与奥体博览城双塔建筑设计方案评审会。

◆ **2012 年 84 岁**

5 月，于《建筑与文化》发表论文《建筑设计的地域性思考——福建武夷山九曲花街设计》。

9 月，受邀参加余杭区临平副城发展战略研究及临平副城空间发展概念规划咨询会。

11 月，赴湖北武汉参加中南建筑设计股份有限公司建院六十周年庆典。

◆ **2013 年 85 岁**

11 月，于南京紫金山庄参加中国当代建筑设计发展战略——国际工程科技发展战略高端论坛。

◆ **2014 年 86 岁**

4 月，接受江苏卫视专题采访。

6 月，作为组长主持在绍兴市曹娥江大闸工程上部建筑方案评审会。

11 月，受邀参加江苏省住房与城乡建设厅"弘扬建筑文化，彰显地域特色"年度专题研讨会。

11 月，出席东南大学建筑学院主办的钟训正先生执教 60 年庆祝暨研讨会。

11 月，出版《笔尖情愫——钟训正院士风光素描画选》。

◆ **2018 年 90 岁**

9 月，捐资设立东南大学"钟训正 – 青蓝基金"，奖励资助品学兼优的在校学生。

10 月，最后一次为建筑学院本科生一年级建筑学概论课程授课。

12 月，南京长江大桥结束了为期 27 个月的封闭式维修，在大桥即将再次通车之际登上大桥桥面，出席建筑学院党委组织的党员师生实景党课。应省、市电视媒体之邀再次登桥接受现场采访。出席了通车当天的剪彩仪式。

◆ **2019 年 91 岁**

11 月，出席东南大学首届"钟训正设计奖"颁奖仪式，为获奖同学颁发证书、签名留念。

◆ **2022 年 94 岁**

10 月，最后一次参加建筑学院集体活动——院庆 95 周年全体教职员工合影。

◆ **2023 年 95 岁**

6 月 22 日 16 时，因病医治无效，于江苏南京逝世，享年 95 岁。

附录二 钟训正主要学术论著

类	序	题 名	作 者	出版单位或书刊名	出版时间
著作	01	建筑画环境表现与技法	钟训正	中国建筑工业出版社	1985/08
	02	建筑制图	钟训正 孙钟阳 王文卿	东南大学出版社	1990/08
	03	炭铅笔建筑画——钟训正旅美作品选	钟训正	东南大学出版社	1991/04
	04	国外建筑装修构造图集	钟训正	东南大学出版社	1994/05
	05	脚印——建筑创作与表现	钟训正	中国建筑工业出版社	2000/10
	06	外国建筑铅笔画	钟训正	东南大学出版社	2003/05
	07	外国钢笔画选集	钟训正	中国建筑工业出版社	2006/02
	08	风光素描与速写	钟训正	中国建筑工业出版社	2009/06
	09	风光素描与速写续集	钟训正	中国建筑工业出版社	2011/05
	10	笔尖情愫——钟训正院士风光素描画选	钟训正	东南大学出版社	2014/11
论文	01	建筑创作中的"百花齐放，百家争鸣"	钟训正 奚树祥	建筑学报	1980/01
	02	景区坡地的旅游建 ——兼谈无锡太湖饭店新楼设计	钟训正	建筑学报	1987/07
	03	美国建筑设计表现的体验	钟训正	建筑画	1990
	04	顺其自然，不落窠臼	钟训正	建筑学报	1991/03
	05	海南三亚金陵度假村	钟训正	建筑学报	1991/08
	06	成长的烦恼——回顾与反思	钟训正	建筑文库 ——建筑师的修养	1992
	07	正阳卿小组作品	钟训正	世界建筑导报	1995/05
	08	北京建筑刍议	钟训正	建筑学报	1996/02
	09	给城市多一点绿地和公共活动空间	钟训正	1997年中国建筑学会 学术年会论文专辑	1997/12

续表

类	序	题　名	作　者	出版单位或书刊名	出版时间
论文	10	建筑与社会——近现代建筑经验教训的管见	钟训正	脚 印 ——建筑创作与表现	2000/10
	11	现实与希望	钟训正	江苏建筑 《21世纪初叶中国建筑》——建筑论坛丛书	2000/12 2001/01
	12	恩泽绵长——忆杨老	钟训正	建筑学报	2002/03
	13	传统建筑文化的继承与发展	钟训正	百年建筑	2003/01
	14	任重道远 推陈出新	钟训正	中外建筑	2004/04
	15	建筑文化：继承与发展	钟训正	江苏科技信息	2005/07
	16	洪泽县文化中心	钟训正	建筑与文化	2007/10
	17	建筑设计的地域性思考——福建武夷山九曲花街设计	钟训正 单　踊 袁　玮	建筑与文化	2012/05

附录三　钟训正主要设计作品

年　份	地　址	项　目	
1953	武　汉	华中工学院 1 号教学楼	建成
1958	北　京	北京火车站综合方案	建成
1960	无　锡	建筑工作者之家	
1960	南　京	南京长江大桥桥头堡	建成
1963	南　京	南京铁路旅客站	
1963	古　巴	古巴吉隆滩纪念碑国际设计竞赛方案	
1969	南　京	长江大桥浦口岸桥头堡	建成
1972	南　京	烈士陵园北大门	建成
1979	徐　州	云龙山公园大门	建成
1980	南　京	五台山体育馆	建成
1981	南　京	建管所业务楼	建成
1982	合　肥	稻香楼庐阳饭店扩建设计	建成
1982	南　京	鼓楼邮电大楼方案	
1982	南　京	中山东路游泳馆方案	
1983	南　京	科技会堂	建成
1983	青　岛	青岛火车站设计竞赛方案	
1983	无　锡	太湖饭店新楼扩建工程	建成
1984	南　京	夫子庙大成殿两侧东西商业街	建成
1984	美　国	印第安纳州首府印第安纳波利斯市市中心广场及旅馆方案	
1984	靖　江	小高层综合楼	
1985	南　京	夫子庙贡院西街一商店	建成
1986	南　京	江苏省公安厅电子技术大楼	建成
1986	杭　州	胡庆余堂中药保健旅游中心	建成
1986	兰　州	敦煌研究中心及甘肃省画院	建成
1986	南　京	双门楼宾馆国际会议厅	建成
1987	南　京	双门楼宾馆影院方案	
1988	海　南	三亚金陵度假村	建成
1989	南　京	丁山宾馆扩建设计方案	
1991	南　京	华侨大厦	建成
1991	南　京	军区后勤部培训中心	建成
1991	南　京	中山陵太阳广场嘉麟楼	建成
1992	南　京	云湖大厦	建成
1992	南　京	中山陵东苑宾馆	建成
1992	南　京	中山陵东郊宾馆的国宾楼和综合楼	建成

续表

年　份	地　址	项　目	
1992	苏　州	苏州同里湖度假村	建成
1992	南　京	江苏省旅游局办公楼	建成
1992	南　京	太平北路和平大楼方案	
1992	南　京	太平路马府街综合楼方案	
1992	洛　阳	百货大楼设计方案	
1993	南　京	中山路湖北路口供销总社大楼	建成
1993	南　京	中山路湖北路口交通大厦方案	
1993	南　京	江苏大厦	建成
1993	南　京	山西路广场金山大厦	建成
1993	徐　州	物华大厦	建成
1994	南　京	嘉年华休闲中心	建成
1994	南　京	天华大厦	
1994	无　锡	人民路综合大楼	
1994	宜　兴	花园宾馆方案	
1994	宜　兴	政府大楼	
1994	安　徽	巢湖市望湖宾馆	
1994	南　京	白下路金顺大厦方案	
1996	南　京	军区政治部综合服务楼	
1996	南　京	正洪街商业改造片	
1996	南　京	军人俱乐部老干部活动中心	
1997	北　京	国家大剧院设计方案竞赛（东南大学方案）	
1997	南　京	山西路广场综合大厦方案	
1998	南　京	挹江门名人馆	建成
1999	南　京	鼓楼园林局办公楼	建成
2003	淮　安	洪泽县文化艺术中心	建成
2003	南　京	挹江门名人馆二次设计	建成
2003	福　建	武夷山星村镇九曲花街整体规划及单体方案	建成

附录四　钟训正部分弟子追忆

做人与治学

1984 届硕士　丁沃沃（南京大学建筑城规学院）

2015.05

做人

半年前，钟先生的弟子们编纂了一个记录钟先生学术成就的专辑。钟先生看了阶段性成果后一脸茫然，诧异地问道："你们是在说我吗？我听着好像是另一个人，这个人的确很好，但不是我吧？"众人大笑道："先生，这些都是真事啊！"确实，在钟先生平日的教育下，别说夸大其词，就是多点虚的形容词的习惯都少有。在这浮躁的社会里，钟先生的弟子们都自觉很弱势且跟不上潮流。

作为钟先生的早期弟子之一，我能体会先生此刻的心境。钟先生从来都认为自己是一个普通的建筑人，做了他应该做的事。因此，在我的记忆中不仅有作为学识渊博且治学严谨的钟先生，而且有非常生动活泼且喜爱逗乐的钟老师。

1982 年，那时我国电视剧节目很贫乏，好节目更是屈指可数。因此，一旦有个稍微好点儿的，无论啥剧种大家都看。记得有部动画连续剧《森林大帝》，里面有一个正面角色可爱的小狮子和一群反面角色土狼。动画片制作得非常好，我们都喜欢看，尤其是里面土狼的一些动作，设计得非常滑稽、可笑。有一次，我们正在学土狼的动作开玩笑，没想到钟先生来了就立马纠正我们的动作，并亲自示范，特别地道。我们先是吃惊，然后欢笑一堂，手舞足蹈地成了一群欢快的"土狼"。从此以后，一有好玩的事，我们就会带上钟先生，即便有些恶作剧也一同为之。钟先生和弟子在一起时总是说些开心、有趣的小故事，故事的主人翁是杨廷宝、童寯等老先生，或是当时正在教我们的老师们。他们对于我等来说都是东南大学建筑系发展历程中的顶梁柱，这些令人仰慕的大学者在钟先生的故事里都成了活生生的可爱的人，品格淳朴、言行务实。我想，先生以他淳朴和善良的心记录了每一位和他共事的人的美好瞬间。

治学

33 年前刚成为钟先生的硕士生不久，一拨学生跟着钟先生去合肥出差，和安徽省设计院一起完成国宾馆——庐阳饭店的设计任务。由于场地是坡地，能用的施工技术也非常有限，对于建筑设计堪称挑战。钟先生让我们分为 3 个小组，针对不同问题分别做方案，当时大家异常兴奋，似乎真的要盖房子了，熬夜加班。第二天大家拿出方案给先生时，钟先生每一个小问题都不放过，逐一指出。当大家茫然的时候，钟先生便笑嘻嘻地拿出了他的方案。虽是草图，但从场地设计到各层平面，整整齐齐一张图都不差，我们的问题他都处理了。几个学生顿时都傻了，别说方案质量，就画图而言，我们可是两个人一组合伙熬出来的啊。事实上，钟先生自己也熬夜做了方案，考虑了方方面面的问题，这才给我们改图。当我们拎起先生的草图准备画正图时，先生认为他的方案依然有几个问题，要我们在他的方案基础上再做 3 个。后来的情况是：我们每天晚上熬夜出图，第二天钟先生也拿出来一套精美准确的草图，共同讨论。从那时起，我明白了什么是建筑设计的质量，方案推敲些啥；什么是建筑设计的基本功，什么是建筑师的责任和锲而不舍的追求。同时，也感受到了建筑设计教师特殊的教学方式：治学严谨并不简单，需身体力行。这就是典型东大人的传统：光说不行，画出来才算。

另一件事，我的一个学弟是钟先生的博士，学位论文是关于西方建筑理论中的形式与空间的问题。他博览群书，认真梳理后终于成稿，不料钟先生为其指出了不少修改之处，有的甚至是他的得意之处。此兄无奈之下找我探讨，寻求共识。我起初以为是钟先生没理解他所讨论的西方理论，而当我看到钟先生工整的铅笔批文时才发现，钟先生不但完全理解他的论述，而且也同意他的观点。先生的意思是建筑空间是实实在在的客观存在，切勿将原本可以说明白的理论整得那么玄乎。我对先生朴实的学术精神肃然起敬。因为，那个时候中国建筑界有个现象，大家对于建筑理论家说的建筑理论忽然都听不太懂了，诚惶诚恐，恶补都来不及。先生的态度一下子坚定了我坚持做明明白白学问的信念，学术交流尽量以简单明了的道理示人。

做一个普通人，心静如水；严谨治学，讲明白之理。这一东大的传统在争做名人、力求一语惊天的当下，在我看来尤为可贵。当然，也许是我早该"out"。

向钟先生致敬！

（原载于《世界建筑》2015 年第 5 期"东南建筑学人"）

钟先生的草图

2007 届硕士　王 畅（南京长江都市设计院）

2018.10.20

读研期间，跟随先生参加了武夷山九曲花街的项目，见识过先生"神"一般的设计草图！

项目的地形高差复杂，一组坡屋面的建筑在复杂的地形中纵横交错，建筑的进深和面宽也依据条件不等而变化。每回集中讨论，大家都如同面临一场考试，把草图挂了一墙，听先生点评，先生的一两句表扬鼓励的话，大家都会心头暗喜，之后先生会给出"标准答案"——先生自己的草图。每每这时，我们除了惊讶还是惊讶，在每次讨论前，先生对设计的考虑早已经胸有成竹，在设计过程中我们纠结思考的难点，在先生的草图中，早已安排得妥妥当当。每一轮的深化都是如此，在过程中我们遇到的疑惑总能在先生下一轮的草图中找到答案。总平面、平面、立面，几轮下来，还经常会有新的"惊喜"，过程中被我们不经意忽视的一些细节，往往在先生前几轮的草图中就已经给出过"答案"。

印象最为深刻一次是项目设计快成图时先生画过的一张整体鸟瞰：这么复杂的地形，变化的建筑形态，错落的屋面，这怎么可能做到？拿到草图时，唯有一片惊叹！成果需要，还要用通常的方式找效果图公司做一张整体鸟瞰图，按照我们提供的地形和平、立、剖面图，由效果图公司建模、渲染。几天后，效果图的小样出来了，核对一遍，发现有两片交错的屋面屋脊不等高，冒出了一个"小三角"，电话联系，对方说就是按给的地形、设计的尺寸准确建的模型，就是这样的。那是哪里出了问题？还是我们忽视了什么？几个人一通计算，发现屋脊真不一样高，建的模型没有问题。难道是先生的图错了？赶忙找钟先生的草图来看……？！！冒出的那个"小三角"就在那里，和精确建模的结果一模一样！"神"一般的设计草图！

"高驸马"

2000 届硕士　高庆辉（南京大学建筑与城市规划学院）

2018.10.13

钟先生在学术上严谨认真，但在平日里倒是一个和蔼可亲、非常幽默的人。

2000 年秋季，马进、傅筱和我，我们三人有幸成为钟先生首次招收的三个应届博士生（一位硕博连读的同学除外）。记得有次我们三人跟随钟先生出差，去江西景德镇进行当地博物馆区规划项目的现场踏勘，返回途中，钟先生望着我们三人，反复念叨着我们的名字："马、傅、高"，"傅、马、高"，"高、马、傅"……进行着各种排列组合。突然间，先生眉头一扬，笑眯眯地对我们说："有了，高、傅、马（高驸马），好名字！"我们三人一愣，想了半天才参透了先生妙语里的"包袱"，随即也开怀大笑起来！

钟先生门下的就读往事

2003 届硕士　马骏华（东南大学建筑学院）

2018.10.06

诙谐童心

钟先生在逸夫建筑馆的办公室刚张罗好不久，那次是在刚交图后，我们难得清闲地在钟先生办公室的长沙发上坐成一溜聊天，有的在沙发上，有的在扶手上。聊着聊着，钟先生突然看着我们嘻嘻笑了，转头跟王老师说："你看他们像不像停在电线上的一排鸟儿？"引得大家哈哈大笑。

为学生着想

钟先生总是会把实际的项目跟甲方适当多要些时间，以教学的相对慢节奏来带学生。在密集的改图中，方案中的设计不合逻辑、表达不到位等都会被严格仔细地指出和修正，在这样的过程中，学生的专业学习收获非常大。但学生们最后并不一定总能按时做出足够符合项目要求的方案，此时，钟先生往往会在定稿时拿出自己的一大套草图，设计非常到位，让大家照此完成文本，以满足甲方的项目要求。

台州体育中心投标是我们第一次做那么大规模的复杂项目，尽管钟先生和王老师悉心指导，设计进展仍不如人意，直到定稿期方案还不够成形。定稿那天看图时钟先生沉吟许久，说："这个项目我通知甲方我们放弃吧，我给大家选的题目难度太高了。"那年年底聚餐时，钟先生又再次跟我们说："台州这个项目不怪大家，是我安排的题目太难了。"以开解大家心里的压力。

豁达不强求

武夷山九曲花街这个项目，落成后获得教育部设计大奖，但过程中钟先生并没有为强求作品完美而吹毛求疵、为难合作者。记得后期我去跑工地，看到施工队比较粗心，有不少细节未按设计完成。待回到南京后，我们把原设计图和现场照片汇总给钟先生对照，请示是否责令施工队照图修改。没想到钟先生看过之后沉吟了一会儿说："要不这些细节就不改了吧，就不要为难施工队了。"

虽然完成一件建筑作品要追求尽量完美，但钟先生却更让我们理解到，建筑师不是为自己立作品的艺术家，而是统领全局的服务者，要重视配合，多为其他工种考虑，把工作做在前面，尽量避免让大家都为难的返工。钟先生为人着想、宽以待人的这种善意和豁达，多年来一直令我感叹。

钟门的图画世界

2003 届硕士 陈洁萍（东南大学建筑学院）

2018.09.22

命运真的很奇妙，我来南京读建筑之前，一个高中好友送了我一本书，就是钟老师的建筑铅笔画。没想到 5 年后，我真的就成了钟老师的硕士生，和钱晶、马骏华是一届。我和老马之后一直跟随钟老师读到博士毕业再至留校工作，至今也近 20 年。我家和钟老师家住得也近，常常去找钟老师和师母闲聊唠嗑。这么多年，自己也年岁渐长，越发觉得要像老师那样，把专业融入生活，保持一种宠辱不惊、平和的心境。

钟老师是杨老弟子，画图对他来说，就像吃饭一样重要又日常。从学生时代起，我们就常常和钟老师一起看他的图集，复印他给我们看的读书笔记，惊叹他老人家的每一幅画，每一根线，在师兄弟姐妹们中暗暗比拼谁学钟老师的画学得最像。在项目讨论会常常都是彼此叹服前一晚上使尽全力画的平立面带透视图。当然最后往往都是被毙掉，这时钟老师就会悠悠地展开他的方案图，让我们心服口服。这就是我们学习的日常。

记得有次钟老师带着我们一起做景德镇的老城规划，我们如痴如醉地捧着钟老师画的杭州胡庆余堂大远景和大平面，看个不够，既沉迷在那些曲折婉转的街道广场和坡顶交接，也沉迷在那些透视图准确又生动的气氛里。每当画完自己的方案再对比，总能发现自己又忽略了图上的某些精髓，既是表达上的，更是设计上的。于是再继续钻研钟老师的图，真是百看不厌。偶尔王文卿老师也会露一手让我们惊艳一把。记得其时也是傅筱、马进、高庆辉作为钟老师第一届博士生在读。大家虽然硕博有别，平时不常交流，但还有一些机会一起做项目。这些师兄想来也像我们一样钟情钟老师的画。在这个项目里，我们就也有幸见识了"高傅马"师兄们的功力，傅筱师兄有一幅惟妙惟肖地模仿了钟老师的广场透视，近处还有旗杆和飘扬的旗幡。那时我们的画都是小里小气，拿不出手的。

经过几番磨炼，再后来浙江的一个别墅项目，钟老师突然放手让我们几个自己画最后的别墅效果图，大家更是争

奇斗艳，各显神通，记得钱晶用的是铅笔细腻渲染，老马的是赖特风格的简洁利落范儿，而我试了铅笔，又试了钢笔，细细抠着玻璃窗后窗帘上的影子，总觉得夏日水边大树下的氛围表达不够到位。钟老师这次很信任我们，真把这些图作为最后的效果图放在了文本里，可惜项目最后还是黄了。钟老师所得无几，但都分给了我们。

在那个电脑步步紧逼、逐渐替代喷枪水粉铅笔头的年代，我们在钟门浸润在图画的世界里，品味着各种线条光影轻重在手下展开，真的很美好。

身教贵于言传

1991 届硕士 韩冬青（东南大学建筑学院）

2019.11

读本科的时候，我们 1980 级几个同学在中大院（南京工学院建筑系系馆）一楼的过道上对着画框里的建筑画争吵，画框里装着钟训正老师画的南京长江大桥桥头堡的钢笔画透视图。一说这是徒手画，理由是早知道钟老师的徒手素描厉害；另一说这是"用器画"（指用丁字尺和三角板作图），看画上每根线都如此准确挺括，不可能是徒手画出来的。多年后我为这事求证于钟先生本人，才确认是徒手作画，但有秘诀（笑）。这是后话。

我是 1988 年年初读硕士研究生时，才算是正经去见钟先生。

考完研究生招生考试，心里琢磨，要是能拜读于"正阳卿"就好了，也不懂如何才能办得到，甚至不知道如何能见到钟先生。我找到带我本科毕业设计的程丽老师，程老师说可以试试，就带着我去钟先生家拜见他。一见面，程老师说明来意，就着我的毕业设计美言一番。我在一旁紧张，不敢说话，大概是

被先生看出来了，于是笑问我有女朋友吗？"没有"，钟先生就说，"成绩考过了线，就行"。于是，这事就算定了。当年我们一起拜读于"正阳卿"门下的有四位，王晓东最胖，直接就派给钟先生自己带；我最瘦，派给孙钟阳老师；戴诗鹏和金维俊长得不胖不瘦，派给了王文卿老师。实际的指导过程，都是三位老师一起带，我们几个弟子也是一起学习做事，是真正的小组研讨模式（当时并没有这种说法，一切都是自然而然的）。

在实践中学习

我们读的是建筑设计及其理论方向的硕士研究生，学设计自然是最要紧的事。钟先生和孙钟阳、王文卿三位老师都是结合他们自己负责的实际工程项目安排研究生的设计教学。这些设计课题，一部分是业主直接委托几位老师，也有些是参加各种设计方案竞标，短的几周，长的数月甚至跨年。不管是哪一种，一开始都是要求每位研究生独立提出设计方案，其间每周安排 1 ～ 2 两次集中讨论。每次讨论，我们把自己的方案设计草图都挂在墙上，介绍自己的设计想法，然后是老师点评每个设计的可取之处与不足，钟先生不时提问，但他总是最后才会有总的点评。然后我们继续独立地发展各自的设计方案。我们做设计练习期间，老师会不定期地过来逐个辅导。钟先生的习惯是通过改图来教我们，为了说明一个设计有多种发展的可能，他会根据我们的方案特点，徒手画出几种不同的可能性，并要求我们不能直接沿用他的设计草图。既然是现实的工程项目，自然都会有最后必须完成的时间限制，我们各自的设计要跟上这个时间节奏。每个项目都是到了临近收关的最后一次集中讨论（一般是设计方案的工期截止前两周），钟先生就会从身上掏出一沓设计草图。说是草图，是因为钟先生给我们看的设计图都是徒手作业。这些草图涵盖了建筑设计布局的总平面、建筑单体平面图、剖面图、立面图、立体的透视图，甚至有局部的构造细部大样。每每这个时候，我们都是好一番惊叹，然后据此开始制作最后要交出去的设计成果。有了连续两次这样的经历，我们就都知道，老师在指导我们做设计的同时，自己也在做。尽管最后提交给业主的一定是钟先生主导的方案，但在最后一次集中讨论时，三位老师依然会先逐一认真地点评研究生的设计方案，然后才仔细介绍他们的设计是如何思考和解决问题的。在最终设计成果的绘制过程中，钟老师、王老师、孙老师也会时常过来察看和辅导。钟先生同时也会在家里亲自绘出钢笔或炭笔的建筑透视图。那时，我们就是依着这个程序学设计，后来才慢慢体会出这种教学模式的特点和妙处。学生独立的思考和技能训练、小组的研讨、老师在过程中的点评和启发形成了一种既利于个体发展，又能相互启迪的学习效果。我们在经历了自己的设计思考和操作后，既感受到自身的设计进步，又处于一种莫名的饥渴状态，在这种很特别的双重状态下，钟先生最终的设计示范使我们可以更加有效且相对有深度地观摩和领会老师的设计。从这个角度看，那时的设计项目其实就是研究生设计教学的基本载体。所谓"产学研"一体化，应该就类似这样吧。

难得一见的"不高兴"

钟先生待学生之宽厚是有名的。"正阳卿"三位老师风格迥异，孙钟阳老师是严字当头，眼睛里容不得沙子，我们学习中出现的各种不严谨和错误，大都逃不过孙老师的眼睛；王文卿老师教导学生很有一套艺术手法，常常是笑谈和幽默中大有深意，表扬中带有提醒，需要学生有敏感的觉察；钟先生从不直接批评我们的设计，但也不会随意赞扬，他总是在亲自示范中开导学生。三位老师的组合拳优势不仅是学问上的，也是事务上的，甚至在教导学生上也显出不一样的"奇观"。记得有这么件往事：我们几个徒弟跟着三位老师到南京丁山宾馆驻场加班，赶着时间做丁山宾馆的改扩建设计。一位同门师兄估计是早上起迟了，没来得及吃早餐，只好一手拿着馒头，一手在制图（20世纪80年代末，计算机辅助制图尚未普及，我们都是用丁字尺和三角板在图板上做手工制图）。这一情形被孙钟阳老师看到，他顿时勃然大怒，令我师兄马上离开项目组。事态严重，还好王文卿老师赶到，一番批评加说理以后，以很正式的神情

（王老师的黑色幽默也是出名的），说要问钟先生的意见。钟先生问了情况，说孙老师批评得对，他笑说可以"留队察看，以观后效"。这事虽然与我们没有直接关系，我们也感同身受，从此不敢马虎做事。我后来毕业了，和孙老师谈起这件事，我问他当时真的是要师兄离开吗？孙老师大笑不止，说"根本不用担心，只要钟先生在场，肯定开除不了，钟先生是菩萨心肠"。钟先生的脾气其实有很刚烈的一面，这从他对城镇建筑领域的一些不健康风气的批评中可见一斑，但他的确很少直接批评晚辈，只说要注意什么什么的。记忆中，唯一有一次见到过先生的"不高兴"。我们读书的时候，教学条件不算好，没法给研究生提供专用的学习空间。三位老师就把他们的办公室让给我们做设计练习的用房，他们自己回家办公。我们那时也不懂事，一连赶图数日，屋子里桌上地上到处是纸屑、颜料垃圾，不堪入目。一日，钟先生赶过来给我们改图，他踏着一堆垃圾进来，环视一周，半晌没言语，问了一句"你们就这么画图？"，然后就离开了。我们这才意识到自己不

太像话，赶紧打扫收拾好，再去请钟先生进来改图。钟先生进来后对我们说："设计要从身边做起"。这话我一直记得，后来我自己教学中，也会说这句给学生听。

赶不上先生的步伐

钟先生其实是急性子。建筑系馆"中大院"中间的老式楼梯，踏步已经是挺高的了，他总是一步两级台阶。他不喜欢慢慢地踱方步，更乐意用自行车代步，直到80余岁，在家人和弟子们一致反对下，才很不乐意地放弃。记得无锡太湖饭店竣工后，钟先生带我们几个弟子去现场做反馈调研，还没进建筑，就已经在周边远近不一地观察、讲解和摄影记录，我们跟着他在田野里沿着田埂行进，他总是走在前面，步下生风，拎着单反相机，还有行李。我们几个总也赶不上他的步伐。到了建筑内部，因为这个建筑是结合山地地形而展开布局的，我们即便是跟随着他，也会一不留神，就迷失在不同的平面标高中，每每发现先生已经在前面等待我们，他一番讲解后，还会再现这种过程。为这事，我们几个年轻弟子都感到很羞愧，不过，

钟先生也实在走得太快了，不能全怨我们。我回东南大学工作后，有几次陪他一起参加外地项目的竞赛或投标专家评审会，如果不是一起出发，他总是比我先到机场，我在路上会不断地接到他的电话，询问我到机场没有。评审开始前，我们会事先翻看竞赛本子，我一般就只是把参与投标的作品就其特点做些特征性的简单图示记录，但钟先生总是会尽量详细地在他的笔记本上记下这些作品的主要平面，还有各种品评要点。他能做到又快又准，我不行。不比较，就感觉不到真相，我显然没能学好先生的功夫。快的背后是扎实的储备。钟先生的建筑速写在学界是出名的，他的素描建筑画也是集快速、准确、轻松三个特点于一体。这与他数十年的大量资料抄绘工作和《建筑制图》教材研究不无关系。钟先生每次出手建筑设计项目的徒手透视表现图之前，都是毫无例外地事先有过精准的透视作底图。难怪我们读本科时辨不清楚他的南京大桥桥头堡透视图是徒手还是用器。我们读书时，外出调研是一定要画速写的，回学校后，钢笔速写、水彩写生之类，不管画得好

意还是郁闷，都是要给三位老师看的。多半都是先去请教王文卿老师和孙钟阳老师，最后去钟先生家交差。钟先生很少说技巧一类的东西，而是先指出作画的准确性问题，然后是画面的详略处理，他有时会拿出他年轻时的速写，叙述他学习速写的经历和心得。建筑画不同于一般的艺术创作，也不同于画家的采风小品，其首要的是准确。我的硕士学位论文选题是"皖南村落的环境结构研究"，调研期间，画了不少钢笔写生，回来后给老师看。钟先生和孙钟阳老师都不约而同地首先讲准确性，民居的外貌虽然看起来很自由，其内在的道理却不是随意而为的。后来我用在论文中的建筑插图，全部放弃了自己的速写，而都是由照片改绘的钢笔画。这件事使我大概领悟出一点"快"与"慢"的道理。

温情余香

自跟着"正阳卿"小组读研究生起，也不知道去过多少次老师的家里。每次去，师母都会拿零食出来招待我们这些小鬼，钟先生一边和我们谈话，一边让我们吃东西，到现在依然如此。师

母江三林老师原是江苏省建筑设计研究院的资深建筑师，性情温厚之至，她从来不和我们谈专业的事，只谈生活，嘘寒问暖。读研究生快要结束，我准备报考鲍家声教授的博士研究生，钟先生热情地帮我写了推荐信。1996年夏天，我结束博士学位论文答辩后，去同济大学建筑与城市规划学院跟随卢济威教授做博士后科研工作。临行前，去老师家辞行，照旧是吃了师母亲自做的茶叶蛋才走。上海三年，每至新年，都会收到钟先生亲笔签字的新年祝福明信片。那时没有现在流行的微信祝福一类的高技工具，更没有现在这么多文字条目的师生规则，老师和我们的距离是那么近，用现在的说法，叫作"有温度"！我1997年初回到东南大学工作，自然又多了接触，时常在他指导下做研究生培养和工程实践。记得我和几位同事带着研究生一起接手南京电视台演播大厦的投标项目，因为用地偏小，我们一直处理不好其中的高层体量与几个大、中演播厅的空间布局问题，因此请钟先生过来指导。钟先生仔细地看了我们的总图布局，问了一句："既然用地紧张，又不规则，

那高层建筑为什么一定要是规则的方块呢？"接着他就画了依据地形选择不规则高层平面的示意。这个新的布局设想一下子就解开了我们折腾几个星期也没解决的问题。这个项目后来中标，关键是得益于老师的指点，所以出图时，我请钟先生在项目顾问栏签字，钟先生坚定拒签。类似的事情很多，老师是我们进步的阶梯，但这些阶梯上却没留下老师的名字。

钟老师不喜多话，他给予弟子们的不只是学问，他爱护和教导学生的首要就是垂范。正所谓"身教贵于言传"。

笑声

1998 届硕士　贺玮玲（［美］得克萨斯农工大学）

2023.02.28

钟先生名字里的"正"字可能是学生们对他的第一印象。为人正直、治学严谨，这两个词在用来描写钟先生的时候，显得更具体、真实。我们一群研究生就是冲着这个"正"字，努力追随钟先生而去的。我被收入师门的时候，自然特别庆幸，但同时心中也很有些忐忑：钟先生曾经是我父亲的老师，这种徒子和徒孙的身份重叠让我甚感拘束，很担心自己不能达到导师的预期。因此，每每遇上钟先生给我们改设计，我总是情不自禁地特别关注他的笔尖和眉头这两个细节，希望能从中预测出先生的满意程度。

虽然钟先生的严谨和严格从未改变，但学生们都会不约而同地慢慢体会到他的乐观诙谐。尤其是笑声，简直成了钟先生除了建筑设计之外最具表现力的语言——有时神秘，有时简单，有时酣畅。记得我们读研的一天，钟先生走进办公室——那是中大院三楼一间只有一张书桌的小屋子，他悄悄地将一个用报纸包着的包裹拿出来放在桌上，看起来像本书。不知谁问了一句，"钟老师，这是什么书呀？""呵呵！"先生笑而不语。后来听说是武侠小说，原来钟先生还是个武侠小说迷。他那"呵呵"的笑也从此透着"笑傲江湖"般的传奇。

在钟先生的办公室里，有太多温暖的细节。盛夏透过茂密的梧桐叶射进室内的光线，会在雨后显得格外明亮；咯吱咯吱的木地板，会伴随着被磨损的凹陷，把它的磨砺讲给我们这些充满幻想的孩子听。在我的印象中，不论发生什么事，钟先生总是以笑回应。傅筱师弟告诉我，有一回几个同学在办公室玩，其中得意忘形的一个还坐在钟先生的椅子上。一会儿先生进来了，大家赶紧收敛，但坐在椅子上的已经来不及了。钟先生见状笑着说："这么高兴啊，大家继续玩，继续玩。"说完，就在一旁的茶几上看起设计图来。

钟先生经常跟王文卿老师一起给研究生改图，两人总会让整个屋子充满笑声。王老师是闻名的精致生活之王，钟先生则非常随意。王老师曾泄密给洪峰说，他买西装，钟先生就买同款；他买捷安特自行车，钟先生也买同款，估计烟的牌子也是一样的。之后，我们都知道了，而钟先生的回应依然是酣然一笑。

钟先生的直截了当也会把人逗笑。1997 年冬天南京下了场大雪，我正好在中大院门厅碰见先生，"钟先生，您好！" "哎，你好呀！你是谁呀？"我这才意识到自己是一个裹着巨大棉袍，带着口罩、帽子、手套、雨靴的，完全失去尺度的身影，能被辨认的只有眼睛了，还不断地有雪水从帽子上滴下来。我俩都哈哈大笑，系门口的冷风也被笑声温暖了。

先生的幽默出其不意，但即使在最应该严肃的时候也不显得违和。在硕士答辩会上，钟先生开场介绍课题，说不知道为什么我会选择研究绍兴的水乡民居，估计是可以经常以调研的借口，去杭州探望男朋友。大家都笑了。我记不清是怎样把评审组拉回正题，或者答辩有多紧张，只记得那笑声。在母校东大的八年珍贵时光，也以这笑声画上句号。

叩别师门后，我去了佐治亚理工学习，在完全不同的文化里，遇到来自不同国家的教授。每位都以特有的方式启发着我，滋养着我，直至今日。与他们相比，钟先生或许是跨度最大的。他可以严谨到徒手绘出机器般的精准，也可以随和到在学生面前自嘲；他可以直截了当地告诉学生方案要重做，也可以不动声色地给学生时间来调整学业之外的情绪。他的笑声可以把我们当时觉得连天都会被压塌的事情变得轻松，变得可以承受，有希望改进。每每想起这些，包括我在写这篇短文的时候，窗外的天空也明朗起来。

7 个瞬间

1997 届硕士 胡滨（同济大学建筑城规学院）

2023.10

恍惚回到很多瞬间，尽管已过去很久，以为忘记了，原来依旧还在那里。

瞬间 1：

老师说招我做研究生前想看下我的速写本。在院办右侧靠墙的那张桌旁，老师翻了下我的速写本，说（建筑）还是需要多去现场，画的时候，要注意尺度。

现场和尺度是老师教给我的第一件事。

瞬间 2：

在中大院三楼正中的那间小屋里，老师在调侃万小梅用计算机求出的透视不准，我们一边偷乐，一边看老师徒手画的平面图。那不是徒手勾勒的概念图示，不是用于解释"宣言"的图解，而是可用于建造的尺寸精确、结构逻辑清晰、空间组织关系明确的线图。每根线条肯定且明确，我们反复纠结的场地关系、人、车流组织、使用的合理性、结构与空间的匹配都化解在那张平面图中。

图是用于"指导"建造的，关注平面图，平面图是解读关系和行为组织的工具，是建筑师基本素质的体现，这是老师教给我的第二件事。

瞬间 3：

在中大院那个有点陡、黑乎乎的旋转木质楼梯上，和老师说决定留校了。老师说，做事不仅要靠刚进学校的一股冲劲，还要有多年的坚持。人不能靠一时的口碑，要靠自己长久的坚持和努力。刚进学校别人说你好，这不够，要在十几年后还能做出新的东西，那才是真正的好。

持久的努力，是老师教给我的第三件事。

瞬间 4：

在中大院门厅里，碰见老师，老师从黑包里摸出个信封给我，说项目的费用不多，给你的。实际我知道老师也没收到，因而有点错愕。老师没等我说啥，扭头就匆匆走了。

那一瞬间，有点懵，但也觉得温暖。

瞬间 5：

读博期间，和老师说准备回国了。老师说回来吧，来这吧。

异乡，对未来怀着忐忑，老师却让我觉得踏实。

瞬间 6：

回国后坐在老师家的客厅里，和老师调侃说都不敢说是您的学生。老师横了我一眼，问为啥。说画得太差，老师哈哈大笑。"可惜、可惜……回来吧，会有更好的机会的。"

始终没有好好回复老师的期许。

瞬间 7：

最近几年回家，经常去寄畅园和太湖边闲坐。有时会想起太湖饭店，也会想起读研时老师设计的军人俱乐部、随园大厦方案，想起老师典型的转折、锯齿形平面，看似很简单，却不知怎么可以应对不同的地形和不同类型的空间组织。

它是一个 "原型"。

兜兜转转，也到 50 岁了。见过了在不同的时代、不同外部环境下，不同的人阐释和做建筑时所呈现的不同面相——从宣言的工具、理论的工具、技术的工具到当下"科学"研究的工具。在教书过程中，也在不断思考和辨别这些事情，以及当建筑的边界在拓展和模糊之时，反而让人不得不追问建筑的本体、核心需要关注的是什么？

结果现在兜兜转转又回到了原点，老师在最初就已经潜移默化地告诉过我的

——现场、尺度、平面，

以及，

努力、持久做事的态度；

朴素、直白地说明事物，不借助文字的"魅惑"来粉饰；

躲开"喧嚣"，去行动，以行动代"宣言"。

这是老师一直告诉我们的。

追随钟训正先生的点滴往事

2005 届博士　傅筱（南京大学建筑与城市规划学院）

2023.10

记得大一上建筑初步课，老师发下一张钢笔画让我们用硫酸纸描摹，画中线条遒劲有力，落笔准确简练，光影生动活泼，我们当时虽然不能完全看懂，但仍让初涉建筑的同学们感到十分震撼，甚而有同学怀疑这不可能是徒手绘制的。在老师随后的讲解中，我们得知这是钟训正先生的大作长江大桥桥头堡，进而了解到建筑师手头功夫的重要性，以后钟先生的《建筑画环境表现与技法》一书也成了我们练习徒手画的最佳书籍。直至今日，我都会给每一届研究生推荐这本书，书中不仅有大量精美的画作，还有丰富的构图和表现方法讲解。得益于先生深厚的设计绘画功底，书中构图方法解析深入浅出、图文并茂、对错明辨，让人获益匪浅。

从那时起，我虽无缘亲近钟先生而聆听教诲，因景仰先生的学识，早已经是先生的私淑弟子了。我本科就读于南京建筑工程学院建筑系，现为南京工业大学建筑学院，毕业设计答辩前，听闻钟先生将受邀担任答辩主席，大家都很兴奋。这是同学们第一次近距离见到钟先生，答辩时教室都挤满了。当钟先生点评时，大家顿时静了下来，屏住呼吸，倾耳恭听……只见钟先生起身走到模型前，和蔼地问道，"这位同学，我先问一个问题：能告诉我这个天窗这么高，是怎么开启的么？"原以为钟先生的发问会十分高深，没想到是一个"小"的问题，同学们顿时释怀、热闹了起来。其实这个问题很实际，因为在那个年代天窗不大有条件采用电动开启。这次答辩钟先生务实笃行的学术态度让同学们很是受教，先生言语朴实无华，却是微言大义式的谆谆教诲。

1997 年秋，我有幸考入东南大学求学，先是师从硕士恩师贺镇东教授，后有缘追随钟先生，成为钟先生第一届博士研究生。与钟先生第一次见面时，我内心忐忑，有些紧张。钟先生面带笑容，用略带湖南口音的亲切语气招呼我坐下，我恭恭敬敬地呈上作品集。面对我稚嫩的画作和青涩的设计，钟先生却看得很认真。先生似乎看出了我的紧张，所以不时笑着问这问那。随后，钟先生点头说道："你就到我这来嘛，你喜欢动手，看得出来很热爱设计，也很努力。"看到先生点头，我内心十分激动，我深知自己的能力在报考的同学中并不突出。现在回想起来，先生愿意收下我，可能是爱动手不爱动嘴的性格与先生相合，或者是笨鸟先飞的执着打动了先生吧！先生愿意收下我，我感激终生，也圆了追随钟师求学的梦想！

读博期间，蒙先生垂爱，我有幸参与一些设计项目。钟先生带我们做项目更像是一种设计教学，所有同学都要参与方案设计构思，然后由钟先生和王文卿先生逐一指导。记得讨论景德镇博物馆区规划时，我在墙上挂好一张总图，钟先生看了，面带微笑地说："大关系还是不错的，要注意体现博物馆区的氛围感。"我听了摸不着头脑，先生继续解释道，"博物馆区的氛围不只是体现在御窑博物馆一个单体上，从走进这个街区的界面开始就要营造氛围感，比如说，进入街区最好有一个尺度适宜的过渡广场空间，向街区里面走时也要有空间层次的变化，这样到达主体博物馆时才有效果……"经先生一番点拨，我豁然开朗！

面对学生稚嫩的设计，有些老师是怒目金刚棒喝型，钟先生却是慈眉善目导引型，他总是十分包容。先生待人，多是笑脸相迎，即使学生犯错，先生也不会发脾气，但他们不难从先生的严肃中感受到不怒自威。与先生接触过的人都能体会到先生的幽默感。幽默创造轻松的磁场，让学生在笑声中自然领悟先生的教导。追随先生的脚步，我现在也带学生，但要做到先生那样风趣幽默、循循善诱、润物无声真是难上难，那是一种内在心性修为的成就，继而外显的喜乐、祥和与平静，不是我等庸碌之辈轻易所能的，高山仰止，虽不能至，然心向往之。

当年跟随钟先生的第一届博士同门还有高庆辉和马进，钟先生要求我们仨进东南大学建筑设计研究院一边工作一边读博，还很幽默地给我们取了一个组名叫"高驷马"。博士论文开题时，钟先生建议我结合实践写点东西，并叮嘱说，千万不要在文字上做表面功夫，写得让人看不懂。当时数字设计建造技术方兴，

与传统的工业化设计建造技术处于交织并行状态，于是我将研究方向定在中国当下建筑师的技术选择上，钟先生十分认可。钟先生很谦虚，常对我说："你写的东西比较新，我不懂的，要多向其他老师请教才行。"钟先生多次请黎志涛、单踊、韩冬青、冷嘉伟等老师就我的论文开展讨论，提出了很多宝贵意见，这让我受益匪浅。我的博士论文探讨了建造技术与生产方式的关系，以及新兴的 BIM 技术等内容，这些促成了我后续的研究和教学方向，同时还支撑了我的建筑实践。现在回想，才领会到钟先生安排我们进设计院的深意：钟先生一向不喜欢故弄玄虚的研究，他是希望我们从实践中去找寻问题，实践出真知！如今先生已登霞而去，唯有将深深的感激永驻心底！

钟先生多数时候住在东南大学四牌楼文昌桥，我逢年过节去拜望时，先生和师母总是十分热情。师母也是建筑师，大家共同语言很多，闲谈间，师母像对待孩子一样招呼我吃点这吃点那，气氛就像在自己家里一般。我一直仰慕先生那精湛无比的手头功夫，很想一睹先生以前的手绘抄图（先生太低调，一般不愿

意向人过多地展现自己的东西）。有一次聊到高兴处，我提出想看看先生以前的手绘抄图，师母对先生说你就拿出来看看吧。先生到书房拿出了几本边角早已破损的速写本，我如获至宝，一幅幅精彩的钢笔画映入眼中，建筑栩栩如生，跃然纸上，特别是一些蓝墨水钢笔抄绘很有年代感，仿佛让人置身过去，朦胧中可见先生伏案灯下，全神贯注抄绘的背影……精美绝伦的手绘抄图让我爱不释手，我请求复印一些带回去默识揣摩，先生听了很是高兴，语重心长地说道："抄绘不只是画画，只有自己亲手画过的东西才能真正理解。"谨记先生之言，很多师兄弟一直坚持抄绘多年，或者坚持绘画练习，虽无以望先生之项背，但抄绘给我们带来的好处之多，真是如人饮水、冷暖自知。后来，在弟子们的请求下，先生摘取当年抄绘的部分小住宅设计复印成册，送给在读的弟子们学习住宅设计，我珍藏至今，时不时请出来给我的学生观摩，引导学生重视手头功夫的磨练。先生真的是太低调了，这些册子也仅限于弟子间传阅！

每次拜望先生，时间总是过得很快。

辞别时，先生和师母都是站在门口目送我下楼，直到我完全走出单元大门，这让我感慨万分！先生仙逝的前几年住在儿子家里过年，众弟子年初一登门拜年，先生时已九十多岁，临别时仍与师母一道不顾凛冽寒风，坚持站在大门口送别，韩冬青师兄招呼我们赶紧走，以免两位老人受凉，那一幕回想起来不禁泪目！！！先生真的是处处为他人着想。十多年前，先生患严重的急性胰腺炎住院，我到医院探望，正巧遇到护士进来给先生护理，护士要求外人离开病房，家属可留下，先生当时身体仍然很虚弱，听了连连向护士摆手，微笑着说："就在这儿就在这儿，不要紧、不要紧的。"先生从来没把弟子当外人。我当时很受感动。先生时时刻刻都能关注他人的感受，即使重病卧床！

让人感慨不已的是，常人略有技艺，就容易靡持己长，罔谈彼短，滋生傲慢之心。先生却不然，造诣极高，却始终低调内敛，常常闭门家中，执笔丹青，闲谈之间，不论人非，遇事总能推己及人，设身处地为人着想。如果要用言辞来颂赞先生，"温、良、恭、俭、让"是最恰如其分的。先生一生奉行"让"，先生的让不是表面的，而是内心的修为。我们一般送别长辈才会采用"过犹待，百步余"之礼，而在先生心中，人人平等，人人都值得尊重，先生的让是内心修为的自然流露。先生时常说要夹着尾巴做人，并身体力行，先生宽以待人的小故事真的很多，不胜枚举！从先生的言传身教中，我深深感悟到一个从内心深处真正做到谦让的人，温良恭俭四个字自然就做到了，先生就是如此！！！

点滴往事，无以言尽，在追随先生的日子里，深深感受到到先生身正为范、学高为师的宗师风范！先生传授我们的不仅仅是治学之理，更蕴含了人生之道！师者，传道授业解惑也。先生是我们的解惑之师，授业之师，更是传道之师，先生毕其一生践行了真正的师道！！师恩如山，无以为报，唯有依先生点滴教诲，奉此身心，甘为人梯！

行笔至此，夜阑人静，仰望窗外，片月澄空，依稀中，一道流光划过苍穹……正值重阳菊花白，谨以此文深切怀念恩师钟训正先生！

钟师的"讲究"与"将就"

1984 届硕士　单踊（东南大学建筑学院）

2019.11

自 1982 年 1 月我硕士入门至今已逾卅载。在合带我们的刘光华、张致中、许以诚、钟训正四位先生中，我个人接触最久、距离最近、受惠最直接的无疑是钟师。正是由于这几个"最"，才得以对他老人家院士光环背后学业上"讲究"和生活上"将就"的细节，了解得稍多一些。

"讲究"

钟师对设计创作的由衷喜爱和完满追求自是首当其冲，而与之相应的资料设备建设，他也是多多益善、务求精进：

迷绘。手绘抄图是早年建筑学子们收集、研习资料的唯一途径，而钟师是其中最为痴迷、积累最丰的。为此，他曾有过"存钱"的类比："画了 10 幅想着 100 幅，画满 100 幅又想着 200 幅、500 幅……"可惜的是，钟师早年的铅笔和炭笔抄图或绘画留存下来的不多。原因是为了保持画面的线条不受损，他曾将清漆、松香用酒精稀释后喷在纸面上形成透明保护膜。没想到一遇夏日高温，经过如此处理的一些画作就都黏在一起无法分开而损毁殆尽。所幸钟师晚年千余幅精美绝伦的建筑与环境铅笔画作都以单页插袋分装成册、保存完好，部分已刊录在《风光素描与速写》《风光素描与速写续集》《笔尖情愫》中而得以传世。

丰藏。 爱书不光是钟师自小养成的习惯，连他的孩子们从小也都受过严格的惜书教育，不准折叠、圈画等早成家规戒律。钟师从做学生起就一本本积累自制抄绘本资料，"文化大革命"期间他还为作宣传画而收藏了多部连环画、报刊剪贴本。有了复印机后，钟师便把最新的经典案例分门别类汇集成册，以挂历为封面制成一个个影印本。20世纪80年代图书市场开放后，直接收藏专业书籍终成现实，钟师便频频出没于书店和书展，很快成为商家们眼中的VIP，他会在第一时间得到各种原版中外文建筑书籍的上架、参展信息。凡遇精美且有收藏价值的，经济上并不宽裕的他便双目放光，一一拿下。这些书籍海量地放满了他学院办公室和家中书房、储藏室的大小书柜，其中不乏学院图书室里也不曾有的，数套经典巨著还是南京市场上的独一份。此外，他还收藏了不少设计和制作精美的玩具、瓷器等工艺品。据悉，钟师常常会将外出的评审费"悄悄地"单独存放专作此用。

精配。 与专业资料采集直接相关的设备配置，钟师也是走在同行前列的。他很早就发现了南京最早专营进口文具用品的"东华文化用品商店"，并在此搜罗了绘图笔、模板、擦皮机、放大镜等各种绘图工具。20世纪80年代，他又利用出国时节省下来的经费购置了最好的尼康单反相机和相关配件，后又配上便携式备用相机（后在西班牙考察时一台遭窃）。办公室里黑白、彩色两台复印机也是性能最佳的。操作颇为复杂的电子表，他也会饶有兴致地调试出各种功能用起来。

"将就"

钟师对身外名利的超然不屑在建筑业界早已为人所公认，而对物质上的衣食住行，他也一向是随遇而安、几无所求：

平易。 无论是学术交流或项目研讨，钟师身为教授、院士不但对会议的接待绝不端身架、提要求，且对前来车接、起居安排的工作人员总是笑脸相向、揖谢在先。早年，他还有过这样的经历：去外地汇报方案，被当作前去送图的年轻人安排在楼梯平台下的小房间住下。待知情后，甲方抱歉不已而他却一笑了之，立刻投入工作……到了位高誉重不得不接受隆重"礼遇"后，钟师还不忘将其"待遇"与同行者分享。记得刚入学硕士后的1982年年初，我们一班五个学生为庐阳饭店项目随钟师前往合肥。途中，我们全班人马就是在他的软卧包厢里度过的。在驻地，我们除了画图，也大多都很乐意在他的大套间里研讨、谈天、看电视。其后多次陪钟师出差，也无一例外被他拉着走VIP通道、进贵宾室休息……

就简。 身为资深教授、院士，钟师在生活上可说是不求档次、极易满足。可能是职业的关系，熬夜于建筑人是时常发生的。有了"正阳卿"组合后，钟师熬夜时偶尔也随他们二位老烟民吸两口提提神，而极便宜的绿盒"高乐"薄荷烟是他们共同的标配。不过，看他像模像样地指间夹上一支烟却是以"装门面"为主——烟吸入口后从不下咽，作为烟民，钟师显然不够专业。茶对钟师来说也基本没吸引力，渴了就端起那用了多年的大搪瓷茶杯猛饮几口凉白开完事儿。手机皮套用破了，他自己用针线悉心缝补好继续使用。钟师眼睛老花后，我将偶然在系办捡到的一副无人认领的便携式旧老花镜送给他一试，居然度数、尺寸和式样都合老人家的意。于是，他这么一戴就是二三十年。

嗜辣。显然是因为湘川组合的家庭之故，辣椒几乎成了钟师家餐桌上不可或缺的食材。作为学生的我，不止一次分享过师母烹饪的湘川美食，且临走还都会带上一瓶她亲制的辣酱肉丁或辣味茶叶蛋离去。我几次随钟师参加各种学术活动就餐时，就目睹了他面对满桌美味佳肴很是无奈的情形。除了主人恭敬的菜品以外，他往往就近随便夹取一些，就想着很快吃饱后离席。遇上宴席太正式实在不宜早退时，他才放慢些进度陪着……对他来说，自助餐最好，一碟辣酱（要够烈度）佐餐也就足矣。钟师宁可早些回房，瞄一眼电视里的动画片或是读一段随身带的武侠小说解闷乏。记得是2014年，我们去探望住在军区总院高干病房的钟师。他在水果鲜花、高级补品丛中发现了我带的一瓶极不起眼的"腌辣椒"，就情不自禁地喜形于色。我赶紧开瓶呈上一小块。看着他品尝时惬意无比的样子，我心中真的是五味杂陈……钟师出院后，我又带过几次这种辣椒，师母后来也向我打听了出处，前去菜场的小菜铺买过多次。

贪凉。不知是否与喜爱吃辣又身体健朗有关，钟师一向显得比常人要怕热很多。据我多年的观察，每到季节转换时，他总是建筑系教职工中最早"短打扮"、最迟"着长衫"的。有人曾惊讶地遇到过难得一见的场景：他脚蹬"凉鞋"和穿着"棉鞋"的另一位美术组中年教师（或因患脚疾？）同时出现在中大院的走廊上！在空调不普及的盛夏，钟师还有过坐在开着门的冰箱前纳凉的传奇故事。不过，这一冰箱降温的壮举后来被钟师笑着否定了。

参考书目

钟训正 . 建筑画环境表现与技法 [M]. 北京：中国建筑工业出版社，1985.

钟训正 . 建筑制图 [M]. 南京：东南大学出版社，1990.

钟训正 . 炭铅笔建筑画：钟训正旅美作品选 [M]. 南京：东南大学出版社，1991.

钟训正 . 国外建筑装修构造图集 [M]. 南京：东南大学出版社，1994.

钟训正 . 脚印：建筑创作与表现 [M]. 北京：中国建筑工业出版社，2000.

钟训正 . 外国钢笔画选集 [M]. 北京：中国建筑工业出版社，2006.

钟训正 . 外国建筑铅笔画 [M]. 南京：东南大学出版社，2009.

钟训正 . 风光素描与速写 [M]. 北京：中国建筑工业出版社，2009.

钟训正 . 风光素描与速写续集 [M]. 北京：中国建筑工业出版社，2011.

钟训正 . 笔尖情愫　钟训正院士风光素描画选 [M]. 南京：东南大学出版社，2014.

赖德霖 . 近代哲匠录 [M]. 北京：中国水利水电出版社、知识产权出版社，2006.

钟显达 . 家事琐记 [Z]. 2012.

后　记

每每应各种学术展览、媒体宣传等活动之需为先生整理资料，都是一次令晚辈激动不已的心灵洗礼。而为先生做传，却令人在深感惶恐的同时又有些作难：先生厥功至伟但一向不愿高调示人。此次，借中国科协牵头的"老科学家学术成长资料采集工程"之机，先生的纪事编纂才成为可能。

承国家和省科协、东南大学校办及东南大学档案馆、东南大学建筑学院、东南大学建筑设计研究院等部门的大力支持，特别是钟训正先生及其家属挚诚配合、建筑学院相关师生和各位校友和钟门弟子们的倾力相助，本小组的资料采集及纪事撰写工作方得以顺利展开并完满结束。在此，我们表示由衷的谢意！

本纪事的撰写工作分工如下：生平篇第一至第八章单踊主稿；专题篇第九章"教研"顾大庆主稿、汪妍泽（时为建筑学院博士研究生）协助；第十章"设计"韩冬青主稿、仲伟君（时为建筑学院硕士研究生）协助；第十一章"绘画"夏兵主稿、丁心慧（时为建筑学院硕士研究生）协助；插图及照片甄选与修整钟宁、李国强、钟旻（现东南大学建筑学院摄影师）；附录一、二、整理汪妍泽；附录三、四整理单踊；总体协调单踊。

编者

2024 年 5 月